8-17

MARTÍN **BERASATEGUI**
ENSALADAS para todo el AÑO

MARTÍN **BERASATEGUI**

ENSALADAS para todo el AÑO

y otros platos deliciosos

Grijalbo

ÍNDICE DE RECETAS

Antes de empezar

Vinagretas para ensaladas 10

PRIMAVERA

Ensalada de cigalas, judías verdes y tomate 14
Ensalada de puerros y jamón 16
Ensaladilla rusa 18
Tosta de habas crudas en ensalada con queso 20
Lomopizza de anchoas, mozzarella y aceitunas 22
Ensalada con pan frito y beicon 24
Tabulé de verduras y menta 26
Ensalada de judías verdes 28
Espárragos salteados con habas y huevo escalfado 30
Gazpacho de fresa y tomate 32
Guisantes crudos en ensalada con queso de cabra 34
Cordero asado con ensalada 36
Arroz en ensalada 38
Salpicón de langostinos 40
Ensalada de crema de sardinas 42
Ensalada de langostinos, queso y nueces 44
Tartar de langostinos 46
Bebida gaseosa de fresas 48
Limonada 50
Fresas con granizado de naranja 52
Cerezas salteadas con helado 54

VERANO

Tomates rellenos de ventresca 58
Yogur con tomate y salmón ahumado 60
Langostinos con guacamole 62
Ensaladilla «alicantina» 64
Tartar de ostras, atún y salmón 66
Ensalada de tomate con bacalao 68
Pepino en ensalada con manzana y yogur 70
Ensalada de ventresca de atún 72
Piperrada con tomate y queso de cabra 74
Pimientos del piquillo rellenos de ensalada de bonito 76
Garrotín de tomate y vodka 78
Bonito con guacamole 80
Ensalada de sardinas con pimientos 82
Tosta de verano 84
Tartar de atún 86
Pimientos morrones asados en ensalada 88
Gazpacho de cereza 90
Ensalada de bonito cocido 92
Ceviche de chipirón y bonito 94
Fruta con jalea de vino tinto 96
Frambuesas con balsámico 98
Sopa de melón y menta 100

OTOÑO

Ensalada de lentejas 104
Tosta verde con peras y anchoas 106
Ensalada de caquis, aguacates y gambas 108
Hongos crudos en ensalada con parmesano 110
Ensalada de bogavante 112
Pechugas de pavo con cogollos y queso 114
Ensalada aliñada de jamón y patatas 116
Acelgas a la vasca 118
Empedrat 120
Ensalada de manzanas con vinagreta de yogur 122
Ensalada de txangurro 124
Mejillones en escabeche 126
Tomates rellenos de carne 128
Zamburiñas salteadas 130
Ensalada de centollo desmigado 132
Ensalada de frutas frescas 134
Peras salteadas con helado 136
Sopa fría de higos, lima y albahaca 138
Peras al vino 140
Manzanas asadas 142

INVIERNO

Ensalada fácil de pato 146
Guacamole con anchoas 148
Endibias en ensalada 150
Ensalada de garbanzos 152
Cogollos de lechuga braseados 154
Calabacines rellenos de carne 156
Remolacha con salsa de yogur 158
Ensalada de naranjas, cebolleta y aceite de oliva virgen 160
Piquillos rellenos de brandada 162
Mollejas de pato confitadas en ensalada 164
Col Shangái 166
Ensalada de vainas con cebolleta 168
Cardo con almendras 170
Ensalada de patatas y salmón ahumado 172
Ensalada de huevos de codorniz y berberechos 174
Bistec tártaro sabino de carne de vaca 176
Salmón confitado 178
Ensalada de rulos de jamón 180
Ensalada de pulpo 182
Ensalada de remolacha y gambas 184
Compota de invierno 186

NO SE PUEDE PONER PUERTAS AL CAMPO

Por mucho que lo asegurara el gran Fernando Fernán Gómez, en su obra teatral homónima, y posteriormente Jaime Chávarri en su película, con el tiempo descubrimos que las bicicletas no son solo para el verano. Lo mismo pasa con las ensaladas, que son una opción espléndida para todas las estaciones, de hecho en este libro están divididas por temporadas según el producto principal protagonista de cada receta.

Hay ensaladas frescas, sugerentes, reconfortantes, delicadas, livianas, contundentes y hasta descaradas...; el mundo de la ensalada es un apasionante campo sin puertas, en el que lo único que importa y prima es la imaginación, el producto y su estacionalidad.

En las páginas venideras hemos procurado recopilar muchas de las que más nos gustan, algunas de base clásica, otras de corte más innovador, unas cuantas ligeras, pensadas para aquellos que se preocupan por la dieta en el día a día, otras perfectas para los deportistas, para encarar la jornada sin exceso de «equipaje», las hay con un puntito exótico y lejano e incluso alguna que otra apta para los vegetarianos.

Nos ha parecido buena idea también sugerir posibles acompañamientos a estas ensaladas, bebidas y postres que acaben de rematar un menú tan saludable como apetecible, porque el mundo de las verduras y frutas nos ofrece tantas posibilidades que sería una torpeza ponerle límites.

Estamos seguros de que al hojear estas páginas les surgirá la chispa y la inspiración; lo bueno de las ensaladas es que no es necesario seguir las recetas al pie de la letra, son elaboraciones especialmente propicias a la improvisación y al juego, siempre que los ingredientes «bailen» con un mínimo de armonía y gusto.

Otra ventaja radica en que las ensaladas no son solo para comer en casa. Sabrán que defiendo a capa y espada la cocina de producto, la inmediata, la que se prepara, saltea y estofa con gracia y naturalidad, y por supuesto, con ciertas dosis de magia. Pero es cierto que por el ritmo de vida actual mucha gente tiene dificultades para poder practicarla en casa a diario, por eso este libro propone recetas de ensaladas perfectas para poder llevarlas en tarros, tarteras, *tuppers* o lo que se tercie, con propuestas frescas y riquísimas, y con el aliciente de que también entran por los ojos.

Si creemos en el axioma de que somos lo que comemos, apostemos por las ensaladas, que son siempre, y en todas las estaciones, un chute de vitalidad y salud sin igual. ¡Garrote!

Martín Berasategui.

TRUCO

Recomiendo hacerlas y tenerlas siempre a mano
en la cocina para aliñar cualquier ensalada que
preparemos. Si están bien embotelladas y en lugar
fresco, podremos utilizarlas frecuentemente.

ANTES DE EMPEZAR
VINAGRETAS PARA ENSALADAS

Tres fantásticos aliños que podemos tener hechos con antelación

INGREDIENTES

Vinagreta de frutos secos
500 ml de aceite de girasol
500 ml de aceite de oliva
    virgen extra
1 cucharada de piñones
    tostados
1 cucharada de avellanas
    tostadas
100 ml de vinagre de sidra
100 ml de zumo de limón
sal y pimienta negra recién
    molida

Vinagreta de hierbas
500 ml de aceite de girasol
500 ml de aceite de oliva
    virgen extra
1 cucharada de perejil
    fresco picado
1 cucharada de albahaca
    fresca picada
1 cucharada de estragón
    fresco picado
100 ml de vinagre de sidra
100 ml de zumo de limón
sal y pimienta negra recién
    molida

Vinagreta de mostaza
500 ml de aceite de girasol
500 ml de aceite de oliva
    virgen extra
200 ml de vinagre de sidra
2 dientes de ajo pelados,
    sin el germen interior
100 mg de mostaza
sal y pimienta negra recién
    molida

ELABORACIÓN

Vinagreta de frutos secos:
En el vaso de una batidora, poner el vinagre, el zumo de limón, la sal y la pimienta, y accionar la máxima potencia. Dejar que dé vueltas unos segundos, destapar, añadir los frutos secos y batir durante unos segundos más.

Destapar de nuevo y agregar los aceites. Dar unas vueltas más. Meter la vinagreta en unas botellas de cristal y dejarlas listas para utilizar. Agitarlas cuando vayamos a aliñar una ensalada.

Vinagreta de hierbas:
En el vaso de una batidora, poner el vinagre, el zumo de limón, la sal y la pimienta, y accionar la máxima potencia. Destapar y añadir los aceites. Dar unas vueltas más, agregar las hierbas picadas, mezclar y guardar en botellas.

Vinagreta de mostaza:
En el vaso de una batidora, colocar el diente de ajo, la mostaza, la sal, la pimienta y el vinagre. Accionar la máxima potencia y dejar que se mezcle unos segundos. Añadir los aceites en fino cordón. Probar la vinagreta, y rectificar de sal o pimienta.

PRIMAVERA

ACABADO Y PRESENTACIÓN

Colocar en el fondo de unos platos o en una
fuente las judías verdes aliñadas con la vinagreta
de tomate y cebolleta. Poner encima las cigalas
peladas y salteadas, rociando con el resto de la
vinagreta preparada. Servir.

ENSALADA DE **CIGALAS**, JUDÍAS VERDES Y TOMATE

Un lujo de ensalada, aliñada con gracia y salero

INGREDIENTES

1 kg de judías verdes planas
24 cigalas de tamaño mediano
1 cebolleta
2 tomates medianos maduros,
  pelados y en dados
10 cucharadas de aceite de oliva virgen
4 cucharadas de vinagre de sidra
sal

TRUCO

Las cabezas de las cigalas salteadas nos las *jamamos*, rechupeteándolas como Dios manda antes o después de dar buena cuenta de la ensalada.

ELABORACIÓN

Retirar los hilos y los extremos duros a las judías. Con un cuchillo pequeño bien afilado, partir en dos a lo largo las judías si son anchas. Después, cortarlas transversalmente en dos o tres trozos. Lavarlas en agua y escurrirlas.

Mientras tanto, poner agua salada a hervir y, cuando rompa el hervor, añadir las judías y dejarlas hervir 5 o 6 minutos. Escurrirlas e introducirlas en un baño de agua helada para interrumpir la cocción y fijar el color. Escurrirlas de nuevo y secarlas. Colocarlas en un bol amplio.

Picar la cebolleta en pedazos bien menudos. Incorporarla a una jarra pequeña o a un bol con los tomates en dados, el vinagre, el aceite y la sal, y dar vueltas para mezclarlo todo perfectamente. Rociar las judías verdes con la mitad de la vinagreta y menearlas con soltura.

Separar las cabezas de las cigalas y pelar las colas. En una sartén bien caliente, dorar las cabezas de forma que queden bien tostadas. Sazonarlas. Poner al fuego la sartén con las colas, sazonadas también, y dejarlas unos 20 segundos para que se tuesten bien sin secarse. Retirarlas.

ACABADO Y PRESENTACIÓN

Colocar los puerros en una bandeja o un bol una
vez fríos y rociarlos con la vinagreta. Darles unas
vueltas en esta salsa para que se empapen bien y
poner en la superficie las lonchas finas de jamón.
Servir.

ENSALADA DE **PUERROS** Y JAMÓN

Una ensalada divertida y diferente, con el realce sabroso del mejor jamón

INGREDIENTES

16 puerros medianos
16 lonchas finas de jamón ibérico
8 cucharadas de aceite de oliva virgen extra
2 cucharadas de vinagre de sidra o de Jerez
perejil picado
sal y pimienta recién molida
agua y sal

TRUCO

Los puerros no deben quedar demasiado cocidos, sino tersos y ligeramente crocantes, esa es la magia. Si al agua de cocción añadimos, además de sal, media pastilla de caldo concentrado, un chorrito de aceite, unos granos de pimienta negra e incluso un trozo pequeño de piel de limón, los puerros estarán mucho más fragantes y sedosos. Haced la prueba.

ELABORACIÓN

Quitar las barbas a los puerros y eliminar el verde, que guardaremos para hacer un caldo o una salsa. Al quitar la barba dejar algo de la parte dura, para que no se desmonten al cocerse. Retirar la primera capa, lavar los puerros y partirlos en trozos de unos 8-10 cm de largo.

Poner a hervir abundante agua salada y sumergir los puerros. Dejarlos cocer a pequeños borbotones para que no se rompan y destapados, al menos 15-20 minutos, hasta que estén tiernos y se atraviesen sin dificultad con el filo de un cuchillo.

Escurrirlos y dejarlos enfriar. Cuidado con cocerlos en exceso, puesto que la gracia es que estén un poco tersos. Hay una astucia para que no se pasen de punto y queden bonitos de color, que es escurrirlos y sumergirlos en un baño de agua helada salada, con unos cubos de hielo.

Dejarlos unos minutos hasta que se enfríen y retirarlos a un papel secante, sobre un plato, para que se escurran del todo. Mientras, preparar la vinagreta mezclando con un tenedor el vinagre con la sal, la pimienta molida, el perejil y el aceite de oliva.

ACABADO Y PRESENTACIÓN

Mezclar todo perfectamente y, si es necesario, agregar un poco más de mayonesa, según el punto de cremosidad que nos guste. Rectificar el punto de sazón y servir la ensaladilla muy fresca, recién sacada de la nevera.

ENSALADILLA RUSA

Un clásico que cada uno puede adaptar a sus gustos personales

INGREDIENTES

1,2 kg de patatas
3 huevos
150 g de bonito en aceite o en escabeche
500 ml de mayonesa casera no muy espesa
1 cebolleta pequeña picada
1 pimiento verde picado
un chorrito de vinagre de sidra
sal

TRUCO

La ensaladilla admite un montón de variantes. Aguacate, gambas cocidas y peladas, puerro cocido, jamón cocido en dados, pepinillos en vinagre picados, guindillas encurtidas picadas, tomate fresco en dados, trocitos de queso...

ELABORACIÓN

Poner abundante agua salada en una cazuela, cubriendo las patatas y los huevos. Hacerla hervir a fuego vivo y a borbotones constantes. A los 10 minutos, retirar los huevos y dejarlos enfriar.

Proseguir con la cocción de las patatas al menos 10 minutos más o hasta que estén tiernas. Escurrirlas y dejar que se enfríen cubiertas bajo un bol puesto del revés, lo que nos permitirá pelarlas sin ninguna dificultad.

Una vez peladas, cortarlas en dados muy pequeños y colocarlas en un bol.

Añadir encima los huevos picados o rallados, el bonito desmigado, la cebolleta y el pimiento verde picados, la mayonesa y el chorrito de vinagre de sidra.

ACABADO Y PRESENTACIÓN

En una taza mezclar el zumo con la sal, el tomillo
y la pimienta. Batir con un tenedor y añadir el
aceite de oliva restante. Regar con este aliño las
habas, el queso, la cebolleta y los cogollos tiernos
de lechuga, y mezclar bien. Servir la ensalada
sobre las tostadas de pan recién hechas.

TOSTA DE **HABAS** CRUDAS EN ENSALADA CON QUESO

Una ensalada con un punto lácteo muy fresco

INGREDIENTES

300 g de habas frescas crudas, a poder ser
    tiernas y pequeñas
2 bolas de queso mozzarella
4 rebanadas grandes de pan de hogaza
1 diente de ajo partido en dos
2 cogollos tiernos de lechuga
1 cebolleta en tiras bien finas
6 cucharadas de aceite de oliva virgen
un chorrito de zumo de limón
una pizca de tomillo fresco
sal y pimienta

TRUCO

Pelar las habas es un trabajo engorroso pero si son grandes la piel es muy dura. Esta operación solo es para los más sibaritas, puesto que las habas un poco crecidas, si son frescas, están estupendas también crudas. Podemos realizar la misma receta sobre unos gajos de tomate bien maduros o sobre unas buenas rodajas de pepino: el resultado es soberbio.

ELABORACIÓN

Desgranar las habas. Si son pequeñas, bastará con lavarlas. Si son hermosas, habrá que pelarlas. Poner agua salada a hervir y escaldarlas medio minuto. Luego, sumergirlas en agua salada con hielo. Ya frías, pelarlas una a una, pinzándolas con los dedos.

Lavar los cogollos deshojados en agua con unas gotas de lejía o de vinagre. Se pueden añadir unos tallos de acelga roja o unos brotes de espinaca tierna. Pasar las hojas por un escurridor de lechugas o secarlas con un paño limpio, y reservarlas en la nevera, bien cubiertas.

Tostar las rebanadas de pan en una sartén antiadherente bien caliente o en una tostadora. Frotarlas con los medios ajos y rociarlas con un chorrito de aceite de oliva.

Desmenuzar el queso con las manos, en pequeños pedazos. Echarlo a un bol junto con las habas. Añadir la cebolleta en tiras y la lechuga.

ACABADO Y PRESENTACIÓN

A la salida del horno, espolvorear con el idiazabal o cualquier otro queso seco, y echar un chorrito del aceite de perejil que teníamos reservado del principio. Preparar una ensalada para acompañar mezclando los berros con las cerezas partidas por la mitad y sin hueso y una juliana de jamón ibérico. Aliñarla con aceite, vinagre y sal. Terminar echando un poco de vinagre de Módena encima de los lomopizzas.

LOMOPIZZA DE ANCHOAS, MOZZARELLA Y ACEITUNAS

INGREDIENTES

150 g de mozzarella
400 g de lomo embuchado
16 tomates cherry
4 filetes de anchoa
200 ml de aceite de oliva
12 aceitunas negras
100 g de parmesano rallado
100 g de idiazabal rallado
20 ml de vinagre de Módena
sal y pimienta
100 ml de aceite de oliva
una pizca de hojas de perejil

Para la ensalada verde
berros
cerezas
jamón ibérico
aceite, vinagre y sal

TRUCO

Es importante que la mozzarella presente una estructura uniforme, sin zonas con otras coloraciones, y una relativa consistencia y elasticidad al cogerla con la mano. Si al frotarla levemente se despelleja, es síntoma de que no es fresca o que ha habido errores en su elaboración.

ELABORACIÓN

Colocar el aceite de oliva y las hojas de perejil en un vaso de túrmix con una pizca de sal, triturar bien y reservar.

Escurrir las mozzarellas y cortarlas en dados de aproximadamente 1 cm. Cortar las anchoas en 8 trozos y los tomates cherry en dos.

Marcar el lomo en una sartén antiadherente 1 minuto por cada lado aproximadamente. Quitarle la grasa de los costados y cortar en rodajas y luego en rectángulos regulares.

Colocar estos rectángulos en una bandeja de horno e ir alternando las aceitunas, la mozzarella, los tomates cherry y los trocitos de anchoa encima de todos los rectángulos. Echar un chorrito de aceite virgen por encima de cada uno de ellos. Espolvorear el parmesano y cocinar en el horno a 180 °C durante 2 minutos.

ACABADO Y PRESENTACIÓN

Aliñar la lechuga con una pizca de sal, el aceite
y el vinagre. Mezclar bien y añadir el beicon y
los dados de pan. Comerlo rápidamente.

ENSALADA CON PAN FRITO Y **BEICON**

La ensalada que Alejandro Dumas tomaba para merendar

INGREDIENTES

1 lechuga
6 lonchas bien finas de beicon ahumado
2 rebanadas de pan de miga prieta
1 diente de ajo partido en dos
3 cucharadas de aceite de oliva virgen
unas gotitas de vinagre de sidra
sal

TRUCO

Emplea un beicon o tocineta ahumada de buenos cerdos ibéricos y «cómete la ensalada y verás París». En ocasiones especiales, es una buena idea sustituir el vinagre de sidra por un buen vinagre viejo de Jerez.

ELABORACIÓN

Limpiar con cuidado la lechuga. Poner las hojas en un recipiente con agua fría con unas gotas de lejía o vinagre. Untar la ensaladera con el diente de ajo partido en dos para aromatizar la ensalada con el regusto del ajo. Desechar los dientes y colocar la lechuga en la ensaladera.

Partir las lonchas de beicon en pedazos pequeños. Cortar el pan en dados pequeños con ayuda de un cuchillo de sierra.

En una sartén sin nada de grasa, saltear el beicon a fuego fuerte hasta que esté bien tostado y dorado. Escurrir y reservar.

En la misma sartén, con la grasa que ha soltado el beicon, freír los dados de pan, dejando que se doren por todas sus caras. Añadir unas gotitas de aceite de oliva con cuidado de que no se queme el pan. Dejarlo entibiar.

ACABADO Y PRESENTACIÓN

Refrescar en la nevera y servir bien frío.

TABULÉ DE VERDURAS Y MENTA

Puro refresco oriental

INGREDIENTES

400 g de sémola de cuscús precocida
60 g de pimiento rojo
60 g de tomate (escaldado, pelado y sin pepitas)
60 g de calabacín
60 g de carne de pepino
20 hojas de menta
75 ml de zumo de limón
6 cucharadas de aceite de oliva virgen
550 ml de agua
1 pastilla de caldo de verduras
sal

TRUCO

Podemos aromatizar el caldo con ras-el-hanout (mezcla marroquí de especias) o incorporar a la sémola todo tipo de hierbas frescas que le den un toque morisco: albahaca, tomillo, limoncillo, etcétera.

ELABORACIÓN

Poner a hervir el agua con la pastilla de caldo, colocar la sémola en un bol y, en el momento que rompa el hervor, verter el agua sobre la sémola. Añadir también el zumo de limón. Cubrir con film transparente y dejar reposar en una zona caliente, cerca del fuego, por espacio de 15 minutos.

Cortar todas las verduras en dados pequeños del mismo tamaño: el pimiento lavado, el tomate, el calabacín y el pepino.

Lavar las hojas de menta y cortarlas en tiras muy finas con ayuda de un cuchillo muy afilado.

Levantar el film transparente y con las púas de un tenedor rascar la sémola para despegar los granos y que así quede suelta. Mezclar todos los ingredientes cuidadosamente y rectificar, añadiendo más sal, una pizca de pimienta molida o más aceite si fuera necesario.

ACABADO Y PRESENTACIÓN

Esta ensalada se puede comer templada, sin
necesidad de refrescar las judías una vez cocidas.
Las dejamos entibiar y las aliñamos en ese
momento.

ENSALADA DE **JUDÍAS** VERDES

Una receta ligera, liviana y que gusta a toda la familia

INGREDIENTES

1 kg de judías verdes
2 lonchas gruesas de jamón ibérico o serrano,
   cortado en tiras
2 puñados de aceitunas negras sin hueso
   troceadas
6 cucharadas de aceite de oliva virgen
2 cucharadas de vinagre de sidra
1 diente de ajo picado
sal

TRUCO

Podemos enriquecer aún más el plato si añadimos unas patatas cocidas en rodajas o hierbas aromáticas troceadas toscamente con la mano: perejil, eneldo o albahaca. Unas gotas de zumo de limón dan a la vinagreta un tono punzante muy interesante.

ELABORACIÓN

Limpiar las judías verdes, retirándoles los nervios y los dos extremos, y cortarlas en tiras. Cocerlas en abundante agua hirviendo con sal, sin taparlas, por espacio aproximado de 8 minutos.

Escurrirlas y refrescarlas en abundante agua fría salada, con cubitos de hielo. De esa forma mantienen su color verde vivo. Escurrirlas y reservarlas en un bol. Si no se va a aliñar la ensalada inmediatamente, las guardamos bien cubiertas en la nevera.

En el momento de servir la ensalada, preparar una vinagreta con el aceite, el vinagre, la sal, las aceitunas y el ajo, batiéndola con un tenedor. Añadir el jamón ibérico.

Poner las judías verdes, escurridas y frescas, en un bol y aliñarlas con la vinagreta removiendo.

ACABADO Y PRESENTACIÓN

Pasado el tiempo, sacar los huevos del agua y ponerlos en un pequeño bol con agua limpia fría ligeramente salada (1 cucharada de sal por litro). De esta manera, cortaremos la cocción para que no se cuajen las yemas y eliminaremos de la clara el gusto a vinagre transmitido por el agua del escalfado; además, se limpiarán las impurezas adheridas durante el escalfado. Sobre la verdura salteada, disponer los huevos recién escalfados.

ESPÁRRAGOS SALTEADOS CON HABAS Y HUEVO ESCALFADO

Para disfrutar de las verduras en temporada

INGREDIENTES

1 kg de espárragos blancos
500 g de habas tiernas en vaina
1 cebolleta fresca pequeña picada
2 dientes de ajo picados
4 cucharadas de aceite de oliva virgen
8 huevos frescos
agua y vinagre de sidra
sal

TRUCO

Podemos cocer las habas aparte y añadirlas al final al salteado de espárragos. Bastan unos minutos de cocción en agua y sal. Luego se refrescan en agua con hielo para que no pierdan su color verde. Además, podemos acompañar la verdura con pequeñas rodajas de patata cocida que complementarán muy bien el huevo.

ELABORACIÓN

Coger los espárragos por la punta y, unos centímetros por debajo de la yema, pelarlos en dirección a la base. Luego, seccionar sus bases; una manera de saber por dónde cortar es arquear la base ligeramente y, ¡crac!, se partirá en el encuentro de la zona dura y tierna.

Retirar las habas de sus vainas y pelarlas. En una sartén antiadherente, con parte del aceite y a fuego suave, sofreír ligeramente la cebolleta y el ajo. Sazonar.

Introducir los espárragos y dejar que se vayan sofriendo a fuego medio, muy lentamente. Justo al final, añadir las habas y sofreírlas unos 5 minutos. Han de quedar ligeramente tersas. Sazonar.

Hervir agua en una cazuela alta, sin sal. Añadir vinagre de sidra y bajar el fuego para que el agua no hierva violentamente. Cascar los huevos en tazas, individualmente, y escalfarlos de dos en dos, poniéndolos en el agua caliente 1 minuto. Darles la vuelta con una espumadera.

ACABADO Y PRESENTACIÓN

Acompañar el gazpacho con láminas de jamón de
pato, unas rodajas de mozzarella y otras de fresas.
Se puede servir también con unas rebanadas de
pan tostado.

GAZPACHO DE **FRESA** Y **TOMATE**

Refrigerio para todas las estaciones

INGREDIENTES

600 g de tomates maduros
400 g de fresas o frambuesas
50 g de pimiento rojo
60 g de pimiento verde
½ diente de ajo
80 g de pepino, sin semillas
40 g de miga de pan ecológico
150 ml de aceite de oliva
   virgen extra
500 ml de agua mineral
2 cucharadas de vinagre
   de Jerez
10 g de sal gorda
una pizca de pimienta

Además
fresas o frambuesas
jamón de pato
queso mozzarella
rebanadas de pan tostado

TRUCO

Según la temporada se puede cambiar la fruta, si no hay fresas quedará estupendo con frambuesas, con melocotón o con cualquier otra fruta que nos guste y que encontremos en el mercado.

ELABORACIÓN

Lavar toda la verdura, pelar el pepino y quitarle las semillas. Quitar las pepitas a los pimientos.

Cortar en trozos los tomates, los pimientos, el pepino, colocar todo en una cazuela con el resto de los ingredientes (ajo, miga de pan, vinagre, agua, aceite y sal) menos las fresas o frambuesas. Mezclar bien, cubrir con film transparente y dejar macerar en la nevera durante 8 horas.

Pasado este tiempo, agregar las fresas y triturar todo con la túrmix o en batidora de vaso.

Pasar la preparación por un chino fino, rectificar de sal y pimienta y servir el gazpacho bien frío.

ACABADO Y PRESENTACIÓN

Regar con este aliño los guisantes y las hojas de
lechuga, y mezclar bien. Servir la ensalada sobre
las tostadas recién hechas.

GUISANTES CRUDOS EN ENSALADA CON QUESO DE CABRA

Una ensalada muy primaveral, con el punto lácteo del queso de cabra

INGREDIENTES

1 kg de guisantes crudos, pelados, a poder ser tiernos y pequeños
1 queso mediano de cabra tierno, cortado en dados grandes
12 rebanadas finas de pan
1 diente de ajo partido en dos
4 puñados de lechugas tiernas distintas variedades
6 cucharadas de aceite de oliva virgen
el zumo de ¼ de limón
una pizca de tomillo fresco
sal y pimienta recién molida

TRUCO

Si los guisantes son hermosos, habrá que poner agua salada a hervir y, en el momento en que borbotee, verter los guisantes. Una vez se reanude el hervor, contar medio minuto, escurrirlos y sumergirlos en agua con hielo ligeramente salada. Ya fríos, escurrirlos de nuevo y retirarles la piel uno a uno, pinzándolos con las yemas de los dedos.

ELABORACIÓN

Lavar las lechugas tiernas bien deshojadas en agua con unas gotas de lejía o de vinagre. Añadir si se quiere unos tallos de acelga roja, o unos brotes de espinaca bien tierna. Escurrirlas pasándolas por un escurridor de lechugas o secándolas con cuidado con un paño seco, y reservarlas en la nevera, bien cubiertas.

Si los guisantes son muy pequeños, basta con lavarlos con agua.

Frotar las rebanadas de pan con los medios ajos y tostarlas en una tostadora. Rociarlas con un chorrito de aceite de oliva. Una vez pelados (no hace falta si son pequeñísimos), lavados y secos, colocar los guisantes en un bol con las lechugas y los dados de queso.

En una taza, mezclar el zumo con la sal, el tomillo y la pimienta. Batir con un tenedor y añadir el aceite de oliva.

ACABADO Y PRESENTACIÓN

Servir el cordero tostado con su jugo aparte, bien caliente en una salsera. Por último, untar los ajos asados en rebanadas de pan tostado. Bastará con aplastar los extremos de los dientes para extraer su pulpa blanquecina y asada. Acompañar con la ensalada. Podemos enriquecer aún más el fondo de nuestro asado si lo colocamos sobre patatas peladas y en rodajas gruesas, de forma que se asen bajo la carne y se empapen del jugo del cordero.

CORDERO ASADO CON ENSALADA

El clásico asado adaptado al horno doméstico

INGREDIENTES

Para el cordero
1 costillar y 1 paletilla
   hermosa de cordero
1 cabeza de ajos entera
250 ml de agua
sal

Para la ensalada
2 lechugas medianas
2 cebolletas medianas
2 cucharadas de vinagre
   de Jerez
6 cucharadas de aceite
   de oliva virgen extra
sal

TRUCO

Una astucia muy sabrosa es
dejar en el fondo de la fuente
una rama de tomillo o de
romero frescos, de forma
que su perfume inunde lo que
luego será la salsa. Probad a
hacer este asado con cochinillo,
e incluso con unos conejos
enteros o muslos de pavo,
más resecos, pero baratos
y muy ricos.

ELABORACIÓN

Precalentar el horno
a 200 ºC. Sazonar el
cordero y colocarlo
en una fuente de
horno con la parte
interior hacia arriba.

Añadir el agua y
la cabeza de ajos
entera. Introducir la
fuente en el horno
y asar durante
hora y media,
rociando la carne
constantemente con
su jugo. A mitad de
cocción, dar la vuelta
a las piezas y asarlas
por el otro lado para
que queden tostadas
por el lado de la piel.

Durante los últimos
20 minutos es mejor
no volver a rociar la
carne si queremos
que quede tostada
y crujiente (si la
mojáramos, se
reblandecería y se
glasearía). El fondo
de la fuente no ha de
secarse, ya que el
cordero debe asarse
en ambiente húmedo.
Si vemos que el fondo
de la fuente se queda
reseco, añadimos
más agua.

Deshojar las
lechugas eliminando
las hojas más feas.
Limpiar las hojas
más tiernas y el
cogollo con agua
y unas gotas de
vinagre. Escurrir
y secar. Quitar la
primera piel a la
cebolleta y cortarla
en rodajas finas.
Mezclar la lechuga
y la cebolleta y aliñar
con el vinagre, el
aceite y una pizca
de sal.

ACABADO Y PRESENTACIÓN

Probar la ensalada y rectificar el aliño si hiciera
falta. Enfriar en la nevera durante un rato y
servir a continuación. Esta ensalada se puede
tener lista y aliñada de un día para otro. Además
de ganar en sabor, es un modo de organizarse
en la cocina y en casa mucho mejor.

ARROZ EN ENSALADA

Un plato muy fresco y fácil de condimentar

INGREDIENTES

500 g de arroz blanco
2 dientes de ajo enteros
3 cucharadas de aceite de oliva
2 litros de agua caliente
2 tomates maduros
1 pimiento verde
1 pimiento rojo
1 cebolleta
un buen chorro de aceite de oliva virgen extra

TRUCO

Se puede añadir jamón cocido en dados, maíz desgranado en conserva, salchichas cocidas en rodajas, un poquito de mayonesa, aceitunas picadas, alcaparras, huevo cocido picado, un chorrito de vinagre, etcétera.
Un truco para este tipo de ensaladas, si vemos que el arroz se pasa de tiempo, es escurrirlo rápidamente y pasarlo por agua fría para cortar la cocción.

ELABORACIÓN

En una cazuela amplia, poner el aceite de oliva y los dientes de ajo enteros, sin pelar. Rehogarlos a fuego suave y en el momento en que los ajos comienzan a dorarse, añadir el arroz, dando unas vueltas.

Sazonar ligeramente y cubrir con el agua caliente (si se quiere, se puede añadir una pastilla de caldo concentrado). Dejar hervir suavemente hasta que el arroz esté cocido, unos 18 o 20 minutos. Escurrir y dejar enfriar, moviéndolo con las manos para que quede suelto y no apelmazado, con cuidado de no quemarse.

Pelar los tomates y cortarlos en dados pequeños, sin retirar en ningún caso las pepitas gelatinosas que se encuentran en su interior. Pelar la cebolleta, y retirar el tallo y las semillas a los pimientos, pasándolos por agua para lavarlos bien. Picar todo en pedazos muy menudos.

Mezclar las verduras con el tomate. Sazonar y añadir un buen chorro de aceite de oliva virgen, siendo generosos. Agregar el arroz y dar unas vueltas, volviendo a sazonar si fuera necesario.

ACABADO Y PRESENTACIÓN

Agregar el resto de los ingredientes: la salsa de tomate, la mostaza, la mayonesa, el perejil picado, una pizca de sal, el aceite de oliva y el vinagre. Dar unas vueltas, rectificar de sal y refrescar el salpicón en la nevera un rato para comerlo bien fresco.

SALPICÓN DE **LANGOSTINOS**

Una tapa ibérica de tomo y lomo

INGREDIENTES

1 kg de langostinos
2 pimientos (uno verde y otro rojo)
1 cebolleta picada
un puñado de tomates cherry rojos y amarillos
1 cucharadita de salsa de tomate
una puntita de mostaza a la antigua
una puntita de mayonesa fría
4 cucharadas de aceite de oliva
1 cucharada de vinagre de Jerez
perejil picado y sal

TRUCO

Podemos variar los ingredientes y acomodar en el salpicón la verdura o el marisco que más nos guste, además de utilizar aderezos como la salsa de soja, el pimentón, la cáscara rallada de limón, etcétera.

ELABORACIÓN

Pelar los langostinos y retirarles el intestino que atraviesa las colas con ayuda de un cuchillo bien afilado. Meter las cáscaras y las cabezas en pequeñas bolsas y congelarlas, para elaborar en otra ocasión sopas, cremas o salsas.

Sazonar las colas y saltearlas en un chorrito de aceite. También se pueden cocer las colas en agua y sal, pero quedan más suculentas salteadas. Ponerlas en un bol. Aparte, picar la cebolleta y los pimientos.

En la misma sartén en la que se han salteado las colas de langostinos, dar unas vueltas a las verduras con otro chorrito de aceite y sal para matar el gusto a crudo. No es necesario cocinarlas, es cuestión de 30 segundos.

Poner las verduras junto con las colas en un bol. Lavar los tomates cherry y partirlos en dos. Añadirlos al bol con las colas, la cebolleta y los pimientos.

ACABADO Y PRESENTACIÓN

Montar la ensalada con la crema de sardinillas
de base y el resto de los ingredientes puestos por
encima: primero los huevos, encima los tomates
cherry cortados por la mitad, las aceitunas
verdes, los piñones tostados, las guindillas, los
brotes de espinaca y finalmente las lascas de atún
en conserva. Rectificar de sal, espolvorear con
cebollino y servir. Aliñar, si se quiere, con un poco
de vinagreta de hierbas por encima.

ENSALADA DE CREMA DE **SARDINAS**

INGREDIENTES

100 g de sardinillas de lata
   escurridas
100 g de quesitos
   en porciones
100 ml de aceite de oliva
   virgen extra
100 ml de agua mineral
50 g de cebolleta picada

Además
160 g de atún al natural
10 tomates cherry
3 huevos de codorniz
un puñado de aceitunas
   verdes
un puñado de piñones
   tostados
unas guindillas en conserva
1 cucharada de cebollino picado
brotes de espinaca

TRUCO

Para pelar bien los huevos de codorniz, a la hora de cocerlos hay que echarlos en abundante agua salada justo por debajo del punto de ebullición, tapar la cazuela, apagar el fuego y dejarlos dentro unos 3 minutos. Una vez cocidos, enfriarlos rápidamente en agua fría o helada.

ELABORACIÓN

Triturar en un vaso americano las sardinillas de lata bien escurridas, los quesitos y el agua. Agregar poco a poco el aceite y montar la crema como si fuese una mayonesa ligera. Volcarla en un bol y añadir la cebolleta picada muy finamente. Mezclar bien y reservar en la nevera.

Cocer los huevos de codorniz en agua con una pizca de sal durante 3 minutos justo antes de que eche a hervir o en un hervor muy suave, refrescar en agua con hielo inmediatamente para que se puedan pelar con facilidad. Pelar y cortar en láminas finas.

Lavar los tomates cherry y cortarlos por la mitad. Escurrir el atún.

Untar la crema de sardinillas en la base de cada plato.

ACABADO Y PRESENTACIÓN

Mezclar en una ensaladera las lechugas,
las nueces, el queso en dados y el perejil
picado. Rociar con la vinagreta delicadamente,
removiendo con mucho cuidado, de forma que
el conjunto quede bien empapado. Colocar la
ensalada en platos y acomodar los langostinos
bien cerca. Servir la ensalada antes de que
se marchite.

ENSALADA DE **LANGOSTINOS**, QUESO Y NUECES

Un marisco aliñado con gracia

INGREDIENTES

16 langostinos de calidad, descongelados
4 puñados de mezcla de lechugas
una punta de mostaza de Dijon
4 cucharadas de vinagre de Jerez
6 cucharadas de nata líquida
12 cucharadas de aceite de oliva virgen extra
un puñado de nueces
1 queso fresco de cabra cilíndrico
2 cucharadas de perejil picado
sal

TRUCO

Unas gotas de salsa de soja o de zumo de limón le irán de perlas a la vinagreta. También podemos acomodar en esta ensalada el queso que más nos guste.

ELABORACIÓN

Pelar los langostinos (guardar las cáscaras para hacer una sopa o caldo de marisco) y retirarles el intestino con un cuchillo, haciéndoles una incisión a lo largo. Sazonarlos y saltearlos unos minutos en una sartén antiadherente con unas gotas de aceite de oliva.

Eliminar las hojas más verdes y estropeadas de las lechugas y dejar para la ensalada las del cogollo interior, más tiernas, sabrosas y crujientes. Las hojas retiradas, bien limpias, nos pueden servir para hacer, por ejemplo, una crema de verduras.

Lavar las hojas en abundante agua fría con unas gotas de vinagre o de lejía. Removerlas bien, escurrirlas y darles un lavado final en agua fría. Escurrirlas y centrifugarlas o secarlas con un trapo. Pelar las nueces y desmenuzarlas con las manos.

Trocear el queso de cabra en dados. En un bol y con ayuda de una cuchara, mezclar la mostaza, el vinagre y un poco de sal. Añadir la nata y el aceite de oliva en fino cordón, sin dejar de batir.

ACABADO Y PRESENTACIÓN

Remover para que el aguacate se integre en la
preparación y dejar refrescar la mezcla en la
nevera al menos media hora. Debe mostrar
un aspecto cremoso y apetecible.

TARTAR DE **LANGOSTINOS**

Un clásico resuelto con el mejor gusto marino

INGREDIENTES

1 kg de langostinos vannamei crudos
perejil picado
cebollino picado
1 cucharadita de mostaza
2 cucharadas de salsa de soja
1 cucharadita de salsa Worcestershire
1 cebolleta
6 cucharadas de aceite de oliva virgen
1 limón
1 cucharadita pequeña de mayonesa
2 aguacates maduros
sal y pimienta

TRUCO

Si se prepara el tartar con los langostinos crudos, como indica la receta, es muy buena idea añadir al final un par de yemas de huevo crudas, dando unas vueltas. De todas formas, si tenemos cierta reticencia a comer marisco crudo, podemos elaborar este plato con los langostinos cocidos, que pelaremos y picaremos como si estuvieran crudos. El resultado es igualmente fantástico.

ELABORACIÓN

Pelar los langostinos cuidadosamente, recuperando las cabezas y las cáscaras, que guardaremos en una bolsa de congelación para otros usos. Picar los langostinos en trozos menudos y apartarlos en un bol. Salpimentar generosamente.

Picar la cebolleta en dados muy menudos. Ponerlos en un colador y lavarlos con abundante agua, dándoles vueltas con la mano. Apretar bien la cebolleta para escurrir el exceso de agua y ponerla sobre un trapo limpio, a fin de que se seque concienzudamente. Añadirla sobre el picadillo de langostinos.

En el mismo bol, añadir el perejil y el cebollino picados. Incorporar la mostaza, la salsa de soja, la salsa Worcestershire, el aceite de oliva, la salsa mayonesa y un poco de sal y pimienta. Remover, sazonar y rectificar.

Exprimir el zumo del limón y añadirlo a la anterior mezcla. Pelar los aguacates, retirar el hueso y cortarlos en dados pequeños, del mismo tamaño que los langostinos. Esta operación ha de hacerse muy rápido, para evitar que se oscurezcan. Conforme los vamos cortando, añadirlos al bol.

ACABADO Y PRESENTACIÓN

Estas bebidas son fantásticas para las meriendas de los más peques o para quitar la sed en un momento de forma saludable y rica. La cantidad de zumo o de azúcar, o incluso la adición o no de hierbas aromáticas, vendrá condicionada por nuestro propio gusto o el de los chavales. Esta bebida se puede hacer también con frambuesas, pulpa de naranja o limón, grosellas, moras o mandarinas. Incluso servida junto con un buen sorbete de frutas, en una copa amplia, puede convertirse en un postre burbujeante.

BEBIDA GASEOSA DE **FRESAS**

Una alternativa sana, barata y refrescante a las bebidas gaseosas industriales

INGREDIENTES

200 g de fresas limpias y sin el tallo
el zumo de ½ limón
1 litro de gaseosa muy fría

TRUCO

Puede emplearse agua con gas fría en vez de gaseosa azucarada, si queremos que el resultado sea burbujeante pero menos dulzón. Y podemos añadir una pizca de vino blanco al puré de fresas, si queremos darle un toque más canalla a la bebida.

ELABORACIÓN

Primero, asegurarse de que la botella de gaseosa esté bien fresca en la nevera. Lavar las fresas en varias aguas, escurrirlas y retirar el tallo verde. Es preferible utilizar fresas bien maduras e incluso blandas, que duras y poco maduras.

En una batidora de vaso, incorporar las fresas y el zumo de limón. Accionar la máxima potencia para obtener un puré rojizo bien cremoso y liso. Añadir un chorrito de gaseosa para ayudar a que se forme el puré.

Dejar de batir cuando la fruta esté bien reducida a puré y sin grumos. Abrir la tapa y añadir el resto de la gaseosa, para que se mezcle con el puré de fruta. Añadir una pizca de azúcar o sacarina si se quiere endulzarla más.

Verter el contenido en una jarra con abundante hielo y servir rápidamente. Si en la jarra se colocan unas ramas limpias de menta o hierbaluisa, la bebida será mucho más sabrosa. También se pueden incorporar a la batidora para que el sabor sea aún más fresco y aromático.

ACABADO Y PRESENTACIÓN

Esta limonada también se puede preparar con
agua con gas fría en vez de con agua normal,
queda muy rica. Si nos acostumbramos a preparar
esta bebida y la tenemos siempre en la nevera,
nos ahorramos muchos gases molestos y la
ingesta de azúcar innecesaria, tan perjudicial
para nuestra salud.

LIMONADA

El refresco más barato, fácil y refrescante que podemos dar a los más peques

INGREDIENTES

6 limones
azúcar al gusto
agua fresca
hielo

TRUCO

Para preparar nuestra bebida favorita:
se puede sustituir el zumo de limón por
el de otras frutas como la naranja, el pomelo,
la mandarina e incluso fresas, cerezas
o frambuesas pasadas por la licuadora..

ELABORACIÓN

Exprimir los limones
para obtener el
zumo.

Mezclar en una gran
jarra el zumo de
limón y unas buenas
cucharadas de
azúcar.

Dar unas vueltas
para que se disuelva
bien el azúcar y
añadir unos cubitos
gordos de hielo.

Completar hasta
el borde con agua
fresca, dando vueltas.
Probar la limonada
y si hace falta más
azúcar, añadirlo
hasta que esté a
nuestro gusto.

ACABADO Y PRESENTACIÓN

Una vez que se haya obtenido el granizado fresco, repartirlo en los boles de yogur y fresas, y servir rápidamente.

FRESAS CON GRANIZADO DE NARANJA

Un postre para toda la familia, fresco, sano, fácil de hacer y muy apetitoso

INGREDIENTES

el zumo de 6 naranjas
800 g de fresas
4 yogures naturales
azúcar al gusto

TRUCO

Los ingredientes de este refrescante postre pueden variar según nuestro gusto y la fruta que encontremos en su punto en el mercado. El granizado puede ser de pomelo o mandarina, y las fresas pueden ser sustituidas por frambuesas, moras, grosellas o fresitas del bosque. Si escasean o fueran muy caras, se pueden cambiar por gajos o trozos de otras frutas de temporada: melón, sandía, manzana, pera, caqui, cerezas, etcétera.

ELABORACIÓN

Verter el zumo de las naranjas recién exprimidas en una bandeja con el suficiente fondo como para que no se desborde. Tapar con film transparente y congelar (esta operación se puede hacer la víspera).

Lavar las fresas. Pasarlas por agua y escurrirlas. Con un cuchillo afilado, retirar el extremo del tallo y las partes que estén sobremaduradas o con podredumbre. Partirlas en cuartos, y si son muy grandes, en más pedazos. Meterlas en un bol.

Batir el yogur hasta dejarlo bien cremoso y endulzarlo al gusto. Repartirlo en el fondo de cuatro boles. Distribuir las fresas troceadas sobre el yogur.

Guardar los boles cubiertos en el frigorífico, hasta que se vaya a servir el postre. En ese momento, rascar con una cuchara o con las púas de un tenedor la superficie congelada del zumo de naranja para convertirlo en escamas.

ACABADO Y PRESENTACIÓN

Es importante que las cerezas no estén mucho tiempo en el fuego —basta con 20 segundos a fuego muy fuerte— porque tienen que calentarse lo justo y, en ningún caso, tomar apariencia de compota o deshacerse. Antes de retirarlas de la sartén añadir las gotas de zumo, y repartirlas luego en varios platos o boles amplios. Colocar sobre ellas una bola hermosa de helado, que se derretirá y hará las veces de salsa. Justo antes de retirar las cerezas del fuego, podemos espolvorearlas con unas tiras muy finas de menta fresca para que se aromaticen ligeramente.

CEREZAS SALTEADAS CON HELADO

Un postre muy sabroso y con el contraste frío-caliente

INGREDIENTES

750 g de cerezas
4 cucharadas de azúcar moreno
2 cucharadas de mantequilla
unas gotas de zumo de limón
helado cremoso al gusto

TRUCO

Es muy importante que el helado esté bien cremoso y no duro como una piedra. De esta forma, se derretirá más fácilmente y se fundirá en esa salsa tan rica con los jugos de la fruta. Para ello, conviene sacarlo del congelador con una media hora de antelación o, si nos olvidamos, meterlo unos segundos en el microondas, a potencia media para que no se derrita del todo.

ELABORACIÓN

Limpiar muy bien las cerezas bajo el chorro de agua fría y escurrirlas. Retirarles el rabito e ir colocándolas en un bol. Con ayuda de un cuchillo pequeño bien afilado, hacerles un corte alrededor del hueso, de forma que girándolas con las manos se puedan separar en dos.

Quedará una mitad de cereza vacía, sin hueso, y otra mitad con el hueso entero. Retirar el hueso haciendo una incisión con el cuchillo en toda su vuelta. Colocar las mitades de cereza deshuesadas en un bol.

Poner el azúcar en una sartén amplia y, a poder ser, antiadherente y caramelizarlo a fuego suave. Ha de coger un tono dorado y no quemarse.

Añadir la mantequilla, subir el fuego e introducir la fruta, salteándola y moviéndola hasta que se vuelva melosa y se recubra de una fina película brillante. Hacer esta operación moviendo la sartén, sin introducir en ningún momento una cuchara o tenedor dentro para no magullar la fruta.

VERANO

ACABADO Y PRESENTACIÓN

Una vez rellenados, terminar colocando a cada tomate su sombrero sin cerrar. Mezclar el yogur griego con las huevas de trucha y el zumo y la ralladura de la lima. Acompañar los tomates rellenos con el yogur de huevas.

TOMATES RELLENOS DE **VENTRESCA**

Bocado de huerta y mar

INGREDIENTES

4 tomates en rama medianos
300 g de ventresca de bonito
2 huevos duros
vinagre de Jerez
albahaca

Para el yogur de huevas
100 g de yogur griego
30 g de huevas de trucha
1 lima

Para la mayonesa de berros
1 yema de huevo
1 cucharadita de mostaza
    de Dijon
1 cucharada de vinagre
    de sidra
300 ml de aceite de oliva
    suave
50 ml de vino blanco o txakoli
100 g de berros
sal y pimienta
una pizca de bicarbonato

TRUCO

Si queremos darle al vinagre un toque distinto, se puede aromatizar dejando macerar en su interior por un tiempo, por ejemplo, frutas (moras, frambuesas, grosellas, pieles de cítricos...), especias (nuez moscada, clavo, pimientas, azafrán, comino...), hierbas aromáticas (estragón, tomillo, laurel, romero, salvia...), ajos, vainas de vainilla.

ELABORACIÓN

Lavar y secar los tomates, hacerles un corte en la parte superior y quitarles la tapa. Reservarla. Con ayuda de un sacabolas o una cuchara, vaciar el interior con cuidado de no romperlos. Rociar los tomates con el vinagre de Jerez y macerarlos durante una hora. Pasado este tiempo, colocar los tomates boca abajo, para que escurran bien el vinagre.

Escaldar las hojas de berro en abundante agua hirviendo con una pizca de bicarbonato durante 1 minuto. Refrescar enseguida en agua con hielo, formar una bola y escurrir apretando bien.

Preparar la mayonesa batiendo la yema, el vinagre de sidra y la mostaza. Agregar el aceite en forma de hilo fino y poner a punto de sal y pimienta. Aligerar con un chorro de vino blanco y la bola de berros cocida. Triturar bien con la túrmix a máxima potencia.

Picar los huevos. Añadir a la mayonesa la ventresca desmenuzada, la albahaca y los huevos picados. Poner a punto de sal y rellenar los tomates con la mezcla.

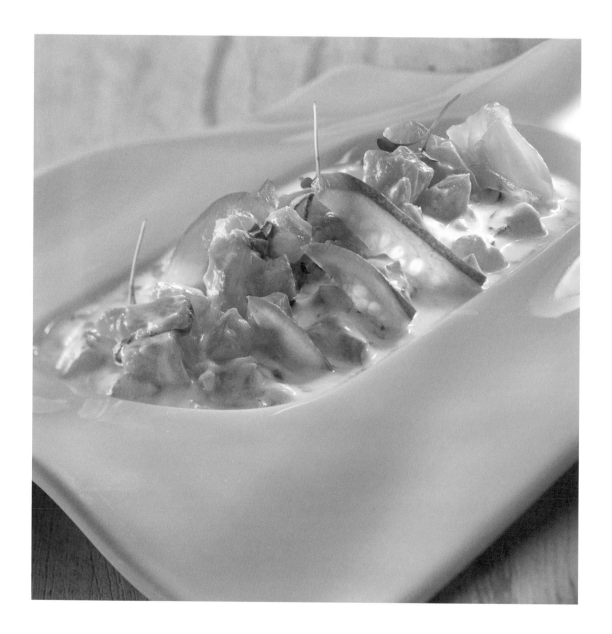

ACABADO Y PRESENTACIÓN

Cortar el pepino en finas rodajas de unos 2 mm
aproximadamente. Repartir en 4 botes o copas de
cristal el yogur de tomate y salmón bien fresco.
Decorar con las láminas de salmón cortadas bien
finas y las rodajas de pepino por encima. Acabar
con unas hojas de albahaca.

YOGUR CON **TOMATE** Y **SALMÓN** AHUMADO

Soplo de aire fresco

INGREDIENTES

500 g de yogur natural
500 g de tomates maduros
8 g de hojas de albahaca
100 g de salmón ahumado y unas láminas
  más para decorar
20 ml de aceite de oliva
50 g de minipepino
sal y pimienta

TRUCO

Para pelar con facilidad los tomates hacerles, con un cuchillo, dos pequeños cortes en forma de X en la parte inferior, y sumergirlos en agua hirviendo hasta que las esquinas del corte se enrollen. Entonces sacarlos, sumergirlos en agua fría y tirar de las esquinas de la piel.

ELABORACIÓN

Verter el yogur en un bol y batirlo un poco, agregar el salmón cortado en tacos pequeños y sazonar con sal y pimienta. Reservar en frío.

Escaldar los tomates en agua hirviendo y sumergirlos inmediatamente en agua con hielo para que la carne quede compacta y mantenga todo el color.

Pelar y cortar los tomates en dados aproximadamente de 1 cm y rociarlos con el aceite de oliva. Sazonar. Mezclar los dados de tomate con la albahaca cortada en tiras finas.

Verter el tomate y la albahaca en la mezcla de yogur y salmón, y remover todo bien hasta que quede homogéneo. Introducir en la nevera al menos durante media hora.

ACABADO Y PRESENTACIÓN

Colocar sobre una bandeja o un plato los cuatro
medios aguacates vacíos. Rellenarlos con el
guacamole bien fresco. En el extremo de cada
medio aguacate, apoyar las cabezas de langostino
salteadas, y sobre el conjunto, situar las colas de
langostinos salteadas. Rociar con un chorrito
de aceite de oliva crudo y servir.

LANGOSTINOS CON GUACAMOLE

Un plato chispeante y sabroso

INGREDIENTES

2 aguacates muy maduros
1 tomate
una pizca de cebolleta picada
5 cucharadas de aceite de oliva virgen
una pizca de ralladura de lima
el zumo de 1 lima
una pizca de cilantro fresco
un chorrito de salsa de soja
un chorrito de salsa Worcestershire
12 langostinos frescos

TRUCO

Los aguacates verdes pueden madurarse en unos días de una forma muy sencilla: envolverlos en papel de periódico y dejarlos en una esquina de la cocina. Quedan tiernos y melosos en muy pocas horas.

ELABORACIÓN

Partir los aguacates y retirar los huesos. Con una cuchara, sacar la pulpa y ponerla en un bol. Guardar los medios aguacates vacíos, para la presentación. Pelar el tomate, partirlo en dos, despepitarlo, picarlo en dados pequeños y añadirlo al aguacate. Con un tenedor, aplastar la pulpa hasta dejarla rota, con trozos irregulares.

Añadir la cebolleta picada, el aceite, la ralladura, el zumo, el cilantro picado, la salsa de soja y la Worcestershire. Rectificar para dejar el guacamole al gusto y refrescarlo en la nevera. Retirar las cabezas a los langostinos.

Pelar las colas, dejando el extremo intacto. Con ayuda de un cuchillo bien afilado, hacerles una incisión en su parte trasera para eliminar el intestino. Sazonar cabezas y colas.

Poner una sartén al fuego con un chorrito de aceite y saltear las cabezas. Tostarlas unos 2 minutos por cada lado, para que se les infiltre el calor. Añadir un chorrito más de aceite y agregar las colas, saltear 1 minuto por cada lado, teniendo cuidado de que no se sequen. Retirarlas.

ACABADO Y PRESENTACIÓN

Mezclarlo todo perfectamente y, si es necesario,
añadir un poco más de mayonesa, según el punto
de cremosidad que queramos conseguir.

ENSALADILLA «ALICANTINA»

Un clásico de las tapas españolas de más solera

INGREDIENTES

1 kg de langostinos vannamei, cocidos y pelados
2 zanahorias
750 g de patatas
2 huevos cocidos
750 ml de mayonesa no muy espesa
un chorrito de vinagre de sidra
sal

TRUCO

Si preparamos la mayonesa en casa, es aconsejable emplear, además de huevos frescos, una puntita de mostaza, sal, zumo de limón y vinagre de Jerez. Una vez batidos estos ingredientes, la montamos con mitad de aceite de girasol y mitad de aceite de oliva. Así, quedará una salsa más equilibrada para la ensaladilla.

ELABORACIÓN

Poner abundante agua salada en una cazuela, cubriendo las zanahorias y las patatas. Dejar hervir a fuego suave y a borbotones constantes, no muy vivos, para que se cuezan homogéneamente y no revienten.

Pasados unos 20 minutos, comprobar la cocción pinchándolas con una aguja o el filo de un cuchillo, que deberá entrar sin dificultad. Escurrirlas y dejar que se templen para poder manejarlas y pelarlas con facilidad.

Mientras tanto, picar los langostinos y los huevos muy finamente. Las patatas y las zanahorias deberán tener el mismo tamaño pequeño que los huevos y los langostinos. Si no nos atrevemos a hacerlo a cuchillo, se puede emplear el robot picador. Podemos congelar las cabezas y las cáscaras de los langostinos para usos futuros.

Colocarlo todo en un bol e incorporar la mayonesa y el chorrito de vinagre de sidra.

ACABADO Y PRESENTACIÓN

Colocar el tartar dentro de las conchas de
las ostras, poner por encima una cucharadita
de crema chantillí y las huevas de trucha.

TARTAR DE OSTRAS, ATÚN Y SALMÓN

Con un toque de sofisticación

INGREDIENTES

12 ostras
125 g de lomo de atún fresco
125 g de salmón fresco
12,5 g de huevas de trucha

Para la crema chantillí
50 ml de nata
½ cucharadita de mostaza
ralladura de lima

Para la vinagreta
5 g de jengibre rallado
25 ml de zumo de lima
½ cucharadita de ralladura
    de lima
20 g de chalota picada
15 ml de aceite de oliva
    virgen extra
1 cucharadita de cebollino
    picado
sal y pimienta

TRUCO

Este tipo de tartar se puede hacer con diferentes carnes y pescados; lo fundamental es partir de carnes o pescados bien frescos y muy refrigerados, y contar con una tabla limpia y un cuchillo muy bien afilado.

ELABORACIÓN

Escaldar las ostras en agua hirviendo 1 minuto y refrescar rápidamente en agua con hielo.

Abrir las ostras, quitarlas de su valva, sacarles el músculo tensor y picarlas en dados pequeños de aproximadamente 5 mm.

Picar también el salmón y el atún en dados pequeños de aproximadamente 3 mm. Para la crema chantillí, montar la nata en un bol, agregarle la mostaza y la ralladura de lima y mezclar bien. Reservar en frío.

Mezclar en otro bol las ostras, el atún y el salmón. Para condimentarlos, agregar la chalota, el aceite, el zumo de lima y el jengibre rallado. Añadir el cebollino, la ralladura de lima mezclar bien y poner a punto de sal y pimienta.

ACABADO Y PRESENTACIÓN

Aliñar el tomate y las cebolletas escurridas
del agua con una pizca de sal, muy poca, y las
2 cucharadas restantes de aceite de oliva virgen.
Sacar el pescado de la nevera, darle unas vueltas
para que se empape bien del aliño y colocarlo
cuidadosamente en una fuente, intentando que
quede con volumen. Entre las lascas de pescado
intercalar las rodajas de tomate. Sobre el tomate
y el bacalao, repartir las tiras de cebolleta
aliñadas. Para terminar, rallar sobre el conjunto
una pizca más de lima.

ENSALADA DE **TOMATE** CON BACALAO

El tomate en ensalada aliñado de una forma diferente

INGREDIENTES
(para 6 personas)

4 tomates bien maduros
4 cebolletas tiernas
1 lomo de bacalao desalado de unos 200 g
1 lima
1 cucharadita de salsa de soja
4 cucharadas de aceite de oliva virgen
una pizca de pimienta molida

TRUCO

Como habréis visto, no añadimos más que una pequeña pizca de sal. Es porque empleamos bacalao desalado, que siempre tiene un deje salado, y a la utilización de la salsa de soja. A partir de esta receta, podemos cambiar los ingredientes a nuestro antojo, los cítricos son muchos y variados, así como los pescados o los condimentos con que hacer el aliño.

ELABORACIÓN

Pelar las cebolletas, partirlas en dos longitudinalmente y cortarlas a lo largo en tiras bien finas. Sumergirlas en un bol con agua y hielo durante 5 minutos, para que el frío las retuerza. Ganan vistosidad y quedan más tiesas y crujientes.

Pelar los tomates con ayuda de un cuchillo bien afilado. Partirlos en dos y luego en medias rodajas bien gruesas.

Asegurarse de que el lomo de bacalao no tenga espinas centrales. Con ayuda de un cuchillo de filetear bien afilado, cortar escalopes de bacalao muy finos, deslizando el cuchillo sobre la carne.

Intentar que al llegar al final los escalopes queden separados de la piel. Extenderlos sobre una bandeja, condimentarlos con la pimienta y rociarlos con el zumo y la ralladura de la lima, la salsa de soja y 2 cucharadas de aceite de oliva. Dejar así el pescado en la nevera al menos 20 minutos.

ACABADO Y PRESENTACIÓN

Servir bien fresca. El éxito de esta ensalada
radica en encontrar pepinos de tamaño más
bien pequeño, que sean muy frescos y que no
lleven separados de la planta mucho tiempo.
Hay que desconfiar de los ejemplares que sean
descomunalmente grandes.

PEPINO EN ENSALADA
CON MANZANA Y YOGUR

Una forma de aliñar pepino fresco con un lácteo y mucha gracia

INGREDIENTES

6 pepinos de tamaño mediano, muy frescos
2 manzanas verdes tipo Granny Smith
6 cucharadas de aceite de oliva virgen extra
1 yogur natural sin azucarar
el zumo de ½ limón
sal y pimienta recién molida

TRUCO

Si preferimos comer el pepino con su piel, debemos cuidarnos de lavarlo bien en agua. Esta receta resulta muy bien si añadimos al final una pizca de cáscara de limón fresco recién rallada. Y podemos sustituir la manzana y el pepino por otros ingredientes que nos gusten más, calabacines, melón, pera...

ELABORACIÓN

Pelar los pepinos y retirar todo rastro de piel que pudiera quedar. Cuanto más lleguemos al centro del fruto, más jugosos y más gelatinosos estarán. Es muy útil ayudarse de un pelador de patatas bien afilado para pelarlos correctamente.

Con ayuda de un cuchillo bien afilado, partirlos en rodajas muy delgadas y ponerlas delicadamente en un bol.

Lavar las manzanas. Cortarlas en dos y retirar el corazón, el tallo y las pepitas, dejando la piel. Trocearlas en cubos del tamaño de un dado. Incorporarlas al bol en el que está el pepino conforme las vamos troceando. Rociar con el zumo de limón.

En una taza, incorporar el yogur, la sal y la pimienta. Dar vueltas con una cuchara, añadiendo las cucharadas de aceite, en fino cordón. Si la salsa queda muy espesa, agregar unas gotas de leche. Verterla sobre la manzana y los pepinos, removiendo para que la ensalada se aliñe bien.

ACABADO Y PRESENTACIÓN

Fuera del fuego añadir las 4 cucharadas de aceite
restantes y las hierbas picadas. Mezclar lascas
de ventresca con las lechugas variadas y rociar
con la vinagreta de verduras. Espolvorear con
perifollo, perejil y cebollino.

ENSALADA DE **VENTRESCA** DE ATÚN

Bocado caprichoso

INGREDIENTES

250 g de ventresca de atún
un puñado de mezcla
   de lechugas tiernas
brotes variados
300 ml de aceite de oliva
sal

Para la vinagreta
1 tomate pequeño en dados
1 pimiento del piquillo picado
1 cebolleta picada

1 cucharadita de perifollo
   picado
1 cucharadita de perejil
   picado
1 cucharadita de cebollino
   picado
150 ml de vinagre de sidra
100 ml de agua
1 pastilla de caldo de ave
6 cucharadas de aceite
   de oliva virgen extra
pimienta negra recién molida

TRUCO

Esta misma receta se puede
hacer fuera de temporada con
ventresca de atún congelada,
aumentando el tiempo de
cocción.

ELABORACIÓN

En una cazuela poner
agua a hervir con sal.
Retirar del fuego,
agregar la ventresca
de atún y dejarla
dentro del agua entre
2 y 5 minutos, según
su grosor.

Retirar del agua,
escurrir, quitarle las
pielecillas negras con
la ayuda de una
puntilla. Reservar
sumergida en los
300 ml de aceite
de oliva hasta su
utilización.

Para preparar la
vinagreta, hervir
100 ml de agua y
añadir la pastilla de
caldo, disolverla y
reducirla a la mitad.
En una cazuela con
2 cucharadas de
aceite, pochar la
cebolleta durante
4 minutos. Agregar
el pimiento del
piquillo, rehogar
1 minuto más. Añadir
el tomate y cocer
otros 2 minutos.

Agregar el vinagre,
una buena cantidad
de pimienta negra
recién molida y cocer
15 minutos a fuego
lento. Añadir el caldo
reservado.

ACABADO Y PRESENTACIÓN

En un plato o una fuente, esparcir en la base
la piperrada tibia. Sobre ella, acomodar los
tomates aliñados, y entre los huecos que dejen
los tomates, deslizar las lonchas de queso y las
tiras de cebolleta cruda. Listo.

PIPERRADA CON **TOMATE** Y QUESO DE CABRA

Un plato fácil, fresco y muy sano

INGREDIENTES

2 cebolletas
1 pimiento verde
1 diente de ajo picado
350 g de tomates cherry
   maduros
1 cucharada de perejil picado
3 cucharadas de aceite
   de oliva virgen extra

1 cucharadita de vinagre
   de sidra
1 queso de cabra fresco,
   a poder ser de leche cruda
rebanadas de pan de hogaza
sal

ELABORACIÓN

Cortar en tiras finas las cebolletas y el pimiento verde. Reservar unas tiras de cebolleta para la presentación final. Poner una cazuela pequeña o una sartén a fuego suave y verter en ella 1 cucharada de aceite de oliva, la cebolleta, el ajo y el pimiento. Sazonar. Dejar estofar lentamente, hasta que tenga un aspecto caramelizado.

Unos 10 minutos antes de retirar del fuego, añadir media docena de tomates cherry partidos en dos, para que el aspecto final sea el de una piperrada ligeramente atomatada. Aparte, lavar en agua perfectamente los demás tomates y secarlos con un paño.

En un bol o una ensaladera, pinzar los tomates uno a uno para reventarlos y que les entre bien el aliño. Salarlos y añadir el aceite restante, el vinagre y el perejil. Dar unas vueltas y reservar. Aparte, cortar el queso de cabra en lonchas medianas.

En una sartén, tostar las rebanadas de pan, que servirán de guarnición.

ACABADO Y PRESENTACIÓN

Colocar los pimientos rellenos en una fuente y
servirlos rociados con un hilo de aceite de oliva
virgen, salsa vinagreta o, incluso, con un alioli
bien ligero.

PIMIENTOS DEL PIQUILLO RELLENOS DE ENSALADA DE BONITO

Una forma rápida y gustosa de disfrutar los pimientos rellenos

INGREDIENTES

30 pimientos del piquillo enteros
un chorrito de aceite de oliva
2 pimientos verdes cortados en tiras
4 cebolletas hermosas cortadas en tiras
1 diente de ajo picado
8 pedazos hermosos de bonito en aceite
　o en escabeche, de buena conserva
6 cucharadas de salsa de tomate
perejil picado y sal

TRUCO

Cualquier pescado en conserva, en aceite o en escabeche, puede sustituir al bonito como relleno. Incluso una buena cabeza de jabalí en dados, unos buenos morros de ternera también cocidos —fríos y en dados— o cualquier fiambre jugoso que nos guste.

ELABORACIÓN

Abrir las latas y escurrir los pimientos. Hemos de elegir piezas enteras, de calidad extra, para que puedan rellenarse sin dificultad. Poner a calentar un chorrito de aceite en una cazuela e introducir en ella los pimientos verdes, la cebolleta, el ajo picado y una pizca de sal.

Dejar que se hagan a fuego lento al menos durante 30 minutos hasta que cojan un ligero toque dorado. Cocinar los primeros 10 minutos con la tapa puesta, para que la verdura quede bien tierna, y destapar los últimos 20 minutos, para que la verdura se dore ligeramente. Mientras tanto, escurrir el bonito y desmigarlo.

Una vez esté la verdura pochada, escurrirla, meterla en un bol, y añadir el bonito desmigado y la salsa de tomate. Ligar todo muy bien, dando vueltas.

Agregar un poco de perejil picado y rectificar el punto de sazón si fuera necesario. Rellenar los pimientos con esta pasta, con cuidado de que no se rompan o revienten.

ACABADO Y PRESENTACIÓN

Colocar una buena cucharada de granizado
encima del garrotín y unas hojas de albahaca
fresca para decorar.

GARROTÍN DE **TOMATE** Y **VODKA**

Vicio estival

INGREDIENTES

Para el garrotín de tomate
500 g de tomates
22 g de kétchup
25 g de concentrado
   de tomate
120 g de hielo picado
45 ml de aceite de oliva
20 ml de aceite de albahaca
hojas de albahaca
sal y pimienta
25 ml de vinagre de sidra

Para el aceite de albahaca
3 dientes de ajo
granos de pimienta negra
hojas de albahaca
aceite de oliva virgen

Para el granizado de vodka
500 ml de agua
50 g de azúcar
70 ml de vodka
1 hoja de gelatina

TRUCO

Para hidratar bien la gelatina en hoja antes de usarla, lo mejor es colocarla en un recipiente, cubrirla con agua fría y dejar que absorba agua durante 5 o 10 minutos. Después escurrir el exceso de agua, secarla y disolverla en los otros ingredientes.

ELABORACIÓN

Para el granizado de vodka, calentar el agua con el azúcar, sin que hierva, y agregarle la gelatina hidratada. Añadir el vodka, mezclar, colocar en un recipiente y congelar. Para el aceite de albahaca, introducir todos los ingredientes en un bote de cristal, cubrir con el aceite y dejar macerar un mínimo de 15 días en un sitio que no esté expuesto a la luz.

Para el garrotín de tomate, cortar los tomates en trozos con piel y pepitas. Introducirlos en una batidora de vaso y agregar el kétchup, el tomate concentrado y el vinagre de sidra. Batir durante 1 o 2 minutos y filtrar por un colador fino (si no se quisiera filtrar queda más rústico).

Salpimentar y colocar de nuevo en el vaso junto al hielo picado y los dos tipos de aceite, de oliva y de albahaca. Triturar 1 o 2 minutos más.

Verter el garrotín de tomate en los vasos donde se quiera servir. Raspar con un tenedor el granizado de vodka.

ACABADO Y PRESENTACIÓN

Los lomos de bonito deben quedar muy tostados
y con el corazón jugoso y sonrosado. Retirarlos
de la sartén y colocarlos sobre la ensalada de
tomate y el guacamole, puestos con mesura sobre
el plato. Acabar con la escarola aliñada y servir.

BONITO CON GUACAMOLE

Una combinación de sabores de aire mestizo

INGREDIENTES

4 aguacates
1 cebolleta pequeña picada
el zumo de 1 lima
4 lomos de bonito sin piel ni
    espinas, de 200 g cada uno
2 tomates maduros
8 cucharadas de aceite
    de oliva virgen

1 escarola limpia
1 diente de ajo picado
    o laminado
aceite de oliva
vinagre de Jerez
tabasco
sal y pimienta recién
    molida

TRUCO

Es una excelente idea añadir
una pizca de cilantro fresco
picado al guacamole. En su
defecto, el perejil picado
nos servirá.

ELABORACIÓN

Pelar los aguacates
e introducir la pulpa
en un bol. Añadir el
zumo de lima, una
pizca de tabasco, sal,
pimienta molida y
4 cucharadas de
aceite de oliva.
Aplastar con un
tenedor hasta
conseguir una pasta
fina y cremosa.
Añadir la cebolleta
picada, rectificar
de sal y guardar el
guacamole en la
nevera.

Eliminar el
pedúnculo de los
tomates y, con un
cuchillo afilado,
pelarlos y partirlos
en dos. Apoyar su
parte plana contra
la encimera y
cortarlos en gruesos
gajos. Disponerlos
en un plato o fuente.
Salarlos. Rociar con
el resto del aceite de
oliva virgen y unas
gotas de vinagre.

Cortar los lomos de
bonito en escalopes
gruesos. En una
sartén a fuego muy
vivo, añadir unas
gotas de aceite de
oliva y saltear los
lomos previamente
sazonados, al menos
1 minuto por cada
lado, con cuidado de
que no se sequen.

Lavar la escarola
y aliñarla con sal,
aceite de oliva, unas
gotas de vinagre y el
ajo crudo.

ACABADO Y PRESENTACIÓN

Extender los pimientos aliñados, sobre los que colocaremos los filetes de sardina. Acompañarlos con las hojas de lechuga aliñadas, desperdigadas por encima o presentadas en un bol aparte.

ENSALADA DE **SARDINAS** CON PIMIENTOS

La forma de marinar sardinas en casa y disfrutarlas en ensalada

INGREDIENTES

24 sardinas frescas enteras
500 ml l de vinagre de sidra
20 pimientos del piquillo en conserva
4 tomates
2 cucharadas de aceitunas negras en tiras
300 ml de agua
100 g de sal
2 cucharadas de zumo de limón
1 lechuga deshojada
2 cucharadas de vinagre de sidra
6 cucharadas de aceite de oliva virgen
1 cucharadita de perejil picado

TRUCO

Una alternativa es sustituir los piquillos por unas tiras de pimientos morrones asados y pelados. En vez de sardinas, podemos utilizar anchoas o acomodar sobre los pimientos láminas de bonito escabechado o en aceite en conserva, bien escurrido.

ELABORACIÓN

Deslizar un cuchillo afilado por debajo de cada lomo de las sardinas y levantarlos limpios de su espina central. Lavar los lomos en varias aguas y colocarlos bien escurridos y secos en una fuente amplia y con suficiente fondo para que luego se puedan cubrir con el líquido de la marinada.

Mezclar el agua, la sal y el vinagre de sidra en un bol y verterlo sobre los lomos de pescado. Dejarlos sumergidos 3 o 4 horas. Transcurrido este tiempo, sacar las sardinas del líquido, escurrirlas bien y cubrirlas con una fina capa de aceite de oliva virgen extra. Así aguantan 4 o 5 días en el frigorífico.

Cortar los pimientos del piquillo en tiras, los tomates en dados y mezclarlos en un bol. Aliñar con la aceituna negra, el zumo de limón, 1 cucharada de vinagre de sidra, 4 cucharadas de aceite de oliva virgen y el perejil picado, sazonando al gusto. Escurrir las sardinas del aceite.

Aliñar las hojas de lechuga con la cucharada de vinagre de sidra restante y las 2 cucharadas de aceite de oliva virgen que habíamos reservado. Añadir unos granos de sal.

ACABADO Y PRESENTACIÓN

Colocar sobre el jamón las nueces, los brotes y
las aceitunas verdes. Servir entero o en raciones,
según el número de comensales.

TOSTA DE VERANO

Irresistible y suculenta

INGREDIENTES

Para la crema de anchoas y sardinillas

100 g de anchoas en salazón
125 g de quesitos
    en triángulos
130 ml de aceite de oliva
    virgen extra
100 ml de agua
20 g de mostaza
30 g de sardinillas sin espinas
    en conserva

Para la tosta

1 barra de pan de 25 cm
nueces
2 tomates
jamón de pato
1 bola de mozzarella
brotes de espinaca
aceitunas verdes sin hueso
2 cucharadas de aceite
    de oliva virgen extra

TRUCO

La mozzarella tiene que oler
a leche fresca, a mantequilla,
a yogur, a nata... pero
ligeramente, sin ofender
nuestro olfato. Además,
debe ser de leche de búfala
y presentarse sumergida en
suero (muy importante para
su conservación).

ELABORACIÓN

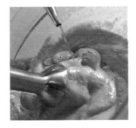

Para la crema de
sardinas, colocar
las anchoas, las
sardinillas y el agua
en un vaso de túrmix
y triturar. Agregar la
mostaza y el queso
y volver a triturar.

Cuando la mezcla
esté homogénea,
añadir el aceite en
forma de chorro fino
y emulsionar como si
fuese una mayonesa.

Para la tosta, pelar
y cortar el tomate en
rodajas muy finas.
Cortar la barra de
pan a lo largo. Solo
se utiliza la base.
Colocar la tosta en
una bandeja de horno
y hornearla unos
minutos a 140 ºC.
Rociar el pan con
aceite de oliva,
colocar los tomates
y hornear 3 minutos
más. Retirar la tosta
del horno y dejar que
se atempere.

Untar la tosta con la
crema de anchoas y
sardinillas, colocar
encima la mozzarella
en rodajas y el jamón
de pato.

ACABADO Y PRESENTACIÓN

Con ayuda de unas cucharas, remover el contenido del bol hasta conseguir un tartar cremoso y en su punto. Rectificar de sal si fuera necesario y dejar que se refresque en el frigorífico durante una media hora antes de servirlo.

TARTAR DE **ATÚN**

Una buena manera de apreciar su sabor

INGREDIENTES

750 g de atún o bonito del norte
2 aguacates maduros
1 cebolleta
perejil picado
1 punta de mostaza
2 yemas de huevo crudo
un chorrito de salsa de soja
un chorrito de salsa Worcestershire
1 cucharadita de mayonesa
aceite de oliva virgen
el zumo de 1 limón
sal y pimienta

TRUCO

Si nos apetece, es una genialidad añadir una cucharada hermosa de mermelada de jengibre; queda un tartar misterioso y de sabor más intenso.

ELABORACIÓN

Despojar el atún de espinas y pieles, y cortarlo a cuchillo: primero en escalopes gruesos, que luego se cortan en tiras, y estas, en dados.

Poner los dados en un bol y salpimentarlos generosamente. A continuación, picar finamente la cebolleta, lavarla y escurrirla bien en un colador. Una vez seca, incorporarla al bol con el atún.

Pelar los aguacates, quitar el hueso y cortar su pulpa en dados pequeños, del mismo tamaño que los de atún. Esta operación debe hacerse con rapidez, para evitar que el aguacate se oscurezca. Conforme se van cortando los dados, añadirlos al bol.

Incorporar al bol las yemas de huevo, las salsas y aderezos, un buen chorro de aceite de oliva virgen y el zumo de 1 limón.

ACABADO Y PRESENTACIÓN

Es muy importante no caer en la tentación
de lavar los pimientos en agua para eliminar
fácilmente las pepitas y la piel. Quedarían sosos
y perderían parte del gusto del asado. No vale
la pena el esfuerzo de asarlos para acabar
rematando mal la faena.
Colocar los pimientos en un bol. Agregar las
hojas de perejil y verter sobre ellos una vinagreta
elaborada en una taza, compuesta por el aceite
de oliva virgen, el vinagre, una pizca de sal y el
jugo del asado. Dejar refrescar unos instantes
en la nevera y servir.

PIMIENTOS MORRONES
ASADOS EN ENSALADA

Una ensalada veraniega a tope

INGREDIENTES

8 pimientos morrones rojos, bien maduros
1 cabeza de ajos
un chorrito de aceite de oliva
una pizca de sal
½ vaso de agua
5 cucharadas de aceite de oliva virgen extra
1 cucharada de vinagre de sidra
unas hojas de perejil

TRUCO

Podemos pelar los ajos y untarlos sobre rebanadas de pan tostado para acompañar el plato. O repartirlos sobre el plato para tropezar con ellos cuando nos comamos los pimientos aliñados.

ELABORACIÓN

Precalentar el horno a 200 °C. Lavar los pimientos bajo un chorro de agua fría, enteros, sin retirarles el rabo. Frotarlos bien para eliminar cualquier resto de tierra, y secarlos concienzudamente.

Colocarlos sobre una placa de horno, hasta cubrir todos los huecos de la bandeja. Romper la cabeza de ajos y esparcir los dientes alrededor de los pimientos. Rociar con aceite de oliva y sazonar. Añadir el agua. Introducir la bandeja en el horno y dejar que los pimientos se asen unos 15 minutos.

Pasado este tiempo, abrir el horno y darles la vuelta. Serán necesarios unos 45 minutos en total. Cada vez que abramos el horno para dar la vuelta a los pimientos, comprobar que el fondo de la bandeja tenga por lo menos medio dedo de agua para que no se quemen. Si es necesario, añadir agua.

Una vez bien asados, dejarlos entibiar a un lado para poder manipularlos con las manos sin quemarse. Recuperar el jugo que hayan soltado. Pelarlos y retirarles el pedúnculo, la piel y las pepitas, con mucho cuidado de no estropearlos.

ACABADO Y PRESENTACIÓN

Pasar por un colador, si se desea, y servir bien
frío. Acompañar con unos dados de melón, unas
cerezas con rabo y unas hojas de albahaca fresca.

GAZPACHO DE CEREZA

Refrigerio estival por excelencia

INGREDIENTES

1 kg de tomates maduros
25 g de cebolla
10 g de pimiento verde
150 g de miga de pan
una pizca de ajo
100 ml de aceite de oliva
   virgen extra
10 ml de vinagre de Jerez
200 g de cerezas

Además
100 g de cerezas con rabo
   para decorar
200 g de melón
brotes u hojas pequeñas
   de albahaca

TRUCO

A la hora de comprar los tomates para hacer el gazpacho, deben estar bien maduros y carnosos para que aporten dulzor. Mi tomate preferido para el gazpacho es el tomate pera, la piel no es muy gruesa, tiene mucha carne y un sabor muy equilibrado, no es extremadamente ácido y, sobre todo, tiene muy pocas pepitas.

ELABORACIÓN

Lavar y deshuesar las cerezas, reservar. Lavar los tomates y quitarles el pedúnculo.

Cortar el tomate, la cebolla y el pimiento en dados pequeños.

Colocar todos los ingredientes, menos las cerezas, en un recipiente, cubrirlo con film transparente y dejar macerar en frío durante 8 horas.

Pasado este tiempo, triturar todo junto. Cuando esté bien triturado, añadir las cerezas, la sal y volver a triturar bien hasta que quede una mezcla homogénea.

ACABADO Y PRESENTACIÓN

Disponer las rodajas de tomate en un plato o fuente,
junto con la cebolleta en tiras. Sazonar. Hacer la
vinagreta mezclando en un vaso la pizca de sal y el
vinagre, y añadiendo el resto de los ingredientes:
el aceite de oliva virgen, el ajo, la mostaza y la salsa
de soja. Remover y regar el tomate y la cebolleta.
Con cuidado, separar la carne de bonito en lascas
y repartirla sobre la ensalada de tomate. Servir.
Aunque dé un poco más de trabajo que troceado
sin más, el tomate pelado en ensalada sabe
mucho más rico.

ENSALADA DE **BONITO** COCIDO

Un pescado cocido en ensalada

INGREDIENTES

2 colas de bonito fresco de 400 g cada una
verduras para el caldo: puerro, zanahoria,
    cebolla y perejil
un chorrito de vino blanco
4 tomates maduros
1 cebolleta pequeña en tiras finas
8 cucharadas de aceite de oliva virgen
4 cucharadas de vinagre de sidra
2 dientes de ajo picados
una puntita de mostaza de Dijon
un chorrito de salsa de soja
una pizca de sal

TRUCO

Las colas de bonito o atún son las partes
del pescado más suculentas, sabrosas y que
contienen mayor cantidad de gelatina natural.
Habitualmente, es la carne que prefiero para
guisar, hacer marmitakos o comer simplemente
hervida, en ensalada.

ELABORACIÓN

Antes de empezar,
lavar bien el pescado.
En una cazuela bien
hermosa y llena de
agua, añadir verduras
enteras y limpias
(puerro, zanahoria,
cebolla, perejil),
un chorrito de vino
blanco y un puñado
de sal. Poner la olla
en el fuego.

Cuando surjan
borbotones fuertes,
agregar las colas
de bonito, apagar el
fuego y dejarlas allí
quietas. El tiempo
aproximado de
cocción dependerá
del peso del pescado.

Cuando podamos
meter el dedo en el
agua sin quemarnos,
retirar el pescado y
dejar entibiar.
Desechar el caldo.
Eliminar el pedúnculo
de los tomates y con
un cuchillo afilado,
pelarlos de manera
que solo quede
pulpa. Cortar los
tomates en dos,
apoyar su parte
plana contra la tabla
y cortar en gruesas
rodajas.

Las colas de bonito
estarán tibias y se
podrán eliminar
minuciosamente
las pieles, espinas,
pellejos o partes
magras más oscuras,
para dejar los lomos
inmaculados.

ACABADO Y PRESENTACIÓN

Colocar el ceviche en un recipiente adecuado,
preferiblemente de cristal, poner las lascas
de bonito por encima, espolvorear con perejil,
decorar con las hojitas de menta y servir
rápidamente.

CEVICHE DE CHIPIRÓN Y BONITO

INGREDIENTES

100 g de calamar sin piel
40 ml de zumo de naranja
80 ml de zumo de limón
80 ml de zumo de lima
100 g de cebolla roja
1 lomo de bonito en conserva
1 cucharada de perejil picado
sal
hojas de menta

TRUCO

A la hora de hacer los tallarines de calamar, si se va a utilizar una máquina cortadora, es mejor que los calamares estén congelados y dispuestos en bloque, para que se puedan cortar con facilidad y no se resbalen.

ELABORACIÓN

Abrir el cuerpo del calamar en dos y limpiarlo bien, quitándole la telilla que contiene con la ayuda de un paño.

Cortarlo muy finamente como si fueran tallarines, de aproximadamente 2 mm de espesor y 10 cm de largo. Se puede cortar con una cortadora profesional o con la ayuda de un cuchillo bien afilado.

Picar la cebolla roja en juliana muy fina. En un bol mezclar los tres zumos, el de naranja, el de limón y el de lima, junto con la cebolla roja.

Añadir los tallarines de calamar, una pizca de sal y dejar marinar durante 2 o 3 minutos. Luego sacar y reservar. Cortar el lomo de bonito en conserva en lascas o trozos del tamaño de un bocado.

ACABADO Y PRESENTACIÓN

Servir la fruta con la jalea en boles y acompañarla
con helado, yogur, una crema de limón bien ácida,
nata espesa o nata fresca montada sin azúcar.

FRUTA CON JALEA DE VINO TINTO

Un postre de frutas con personalidad

INGREDIENTES

500 g de cerezas maduras, sin rabo
500 g de ciruelas maduras, con hueso
un puñado de frambuesas
un puñado de moras
un puñado de grosellas
3 cucharadas de azúcar
1 vaina de vainilla
un trozo de piel de limón
1 vaso de vino tinto
el zumo de 1 limón

TRUCO

Podemos añadir o quitar frutas a nuestro gusto: gajos de melocotón, albaricoques, nísperos, uvas, fresas, fresas del bosque, mandarinas o lo que se prefiera. Los frutos y frutas secas también irán de perlas: ciruelas, pistachos crudos, etcétera.

ELABORACIÓN

Retirar los tallos de las frambuesas y las grosellas. Reunir en un bol la fruta fría, limpia y escurrida. Según el tiempo y la paciencia que tengamos, podemos deshuesar las ciruelas y las cerezas.

Sobre una tabla, abrir la vaina de vainilla en dos, a lo largo, y con la punta del cuchillo rascar los granos alojados en su interior. Añadirlos a una cazuela, junto con la vaina partida en dos, el azúcar y la piel de limón. Poner a fuego suave hasta obtener un caramelo rubio.

Añadir entonces el vino tinto y dejar que el líquido se reduzca hasta que adquiera una consistencia parecida a la de un sirope, a fuego muy suave. Agregar el zumo de limón y dar unas vueltas.

Con un tenedor, remover las frutas frescas reservadas en el bol, y con las púas aplastar ligeramente las frutas rojas para que revienten y suelten su jugo interior. Verter el sirope templado de vino sobre la fruta y remover.

ACABADO Y PRESENTACIÓN

Añadir una quenelle de crema de mascarpone
sobre las frambuesas, decorar con unas hojitas
de menta y servir.

FRAMBUESAS CON BALSÁMICO

INGREDIENTES

Para las frambuesas
10 g de mantequilla
450 g de frambuesas
pimienta negra recién molida

Para el jugo de balsámico
50 ml de agua
50 g de azúcar
2 cucharadas de vinagre
    balsámico (30 ml)

Para la crema de mascarpone
100 g de mascarpone
20 g de azúcar glas
1 cucharada de kirsch (15 g)
hojas de menta

TRUCO

El kirsch es un destilado
de cereza, por ello si no
lo encontramos podemos
sustituirlo por algún destilado
de melocotones, frambuesas,
melón, ciruelas o un licor de
cerezas.

ELABORACIÓN

Para las frambuesas, derretir la mantequilla en una sartén, justo hasta que coja un color avellana. Agregar las frambuesas y cocerlas durante 1 minuto a fuego bajo. Removerlas delicadamente con una cuchara de madera, sin aplastarlas. Añadir la pimienta recién molida.

Para el jugo de balsámico, mezclar el agua y el azúcar en un cazo, llevarlo a ebullición durante 2 minutos, retirar del fuego y dejar enfriar. Añadir el vinagre balsámico y mezclar.

Para la crema de mascarpone, colocar el mascarpone en un bol, añadir el azúcar glas y el kirsch, y mezclar bien con unas varillas hasta obtener una crema homogénea. Reservar en frío.

En el centro de un plato hondo, disponer las frambuesas tibias y naparlas con el jugo de balsámico.

ACABADO Y PRESENTACIÓN

Si queremos servir la sopa como postre, no
tendremos más que añadir una cantidad
razonable de almíbar o de azúcar. Si observamos
que la sopa queda muy espesa, podemos añadir
un chorrito de agua, hasta que quede con una
densidad agradable. De todas formas, si hacemos
la sopa en plena temporada del melón, en verano,
este estará lo suficientemente dulce y jugoso para
que no sea necesario añadir ningún edulcorante.

SOPA DE **MELÓN** Y MENTA

Una manera práctica de sorber un melón, un postre dulce, fresco y mentolado

INGREDIENTES

1 melón
un puñado de hojas de menta

TRUCO

Podemos servir la sopa sin azucarar, como plato salado, y guarnecerla con unas lascas de jamón, mojama o virutas de cecina de León. Dado su bajo contenido calórico, es aconsejable elaborar una buena cantidad para guardarla en la nevera, bien tapada en una jarra o bol hermético para aliviar la sed repentina. Podemos probar a hacerla también con sandía.

ELABORACIÓN

Partir el melón en dos, longitudinalmente. Con ayuda de una cuchara sopera quitar las semillas del interior, y con un cuchillo afilado retirar la cáscara. Hay que eliminar todas las partes blanquecinas de esta última, para no dar a la sopa un sabor amargo y desagradable.

Cortar el melón en pedazos de tamaño mediano, reservando unos cuantos trozos cortados con más cuidado y de un tamaño más regular: los usaremos como guarnición sumergiéndolos en la sopa fresca.

Limpiar la menta en abundante agua fría y escurrirla.

Juntar en un bol las hojas de menta y la pulpa de melón, salvo los tacos reservados como guarnición, e introducir el brazo de una batidora, accionando la máxima potencia durante 30 segundos. Colar la sopa y refrescarla en la nevera, pues ha de servirse bien fría.

OTOÑO

ACABADO Y PRESENTACIÓN

Dejar enfriar la ensalada un rato en la nevera
antes de servirla para que el plato quede bien
fresquito y sea más agradable de comer.

ENSALADA DE **LENTEJAS**

Vivan las legumbres en ensalada

INGREDIENTES

750 g de lentejas cocidas y escurridas
un trozo hermoso de codillo de cerdo, cocido
   y deshuesado
1 tomate grande, maduro
perejil picado
2 puñados de pepinillos en vinagre
2 cucharadas de mayonesa
2 cucharadas de mostaza a la antigua
8 cucharadas de aceite de oliva virgen
2 cucharadas de vinagre de sidra
sal y pimienta recién molida

TRUCO

Podemos variar los ingredientes y, sobre todo, las legumbres empleadas: son fantásticas las ensaladas de garbanzos y las de alubias blancas o rojas. El resto de los ingredientes también se puede variar en función de nuestras apetencias.

ELABORACIÓN

Retirar el máximo posible de grasa al codillo de cerdo cocido. Cortar el magro en dados pequeños con un cuchillo afilado. Hacer lo mismo con el tomate: despepitarlo y trocearlo en dados del mismo tamaño que la carne. Cortar también en rodajas muy finas los pepinillos en vinagre.

En un bol mezclar las lentejas con el codillo, el tomate partido en dados, el perejil y los pepinillos.

Por otro lado, mezclar en un bol la sal y la pimienta con el vinagre, y añadir, en fino cordón, el aceite de oliva, batiendo con unas varillas. Agregar también la mayonesa y la mostaza.

Echar este aliño sobre las lentejas y mezclar perfectamente.

ACABADO Y PRESENTACIÓN

Montar la tosta con el pan como base y poniendo
encima primero un poco de pesto de albahaca
bien extendido, después las hojas de espinaca,
a continuación los filetes de anchoas, el perifollo,
las láminas de pera bien finas y las escamas
de idiazabal. Rematar por encima con un chorro
fino de aceite de oliva virgen que lo impregne
bien todo.

TOSTA VERDE CON PERAS Y ANCHOAS

INGREDIENTES

4 rebanadas de pan de hogaza
    (0,5 cm de espesor)
1 pera
12 filetes de anchoa
un puñado de hojas tiernas y brotes de espinaca
1 cuña pequeña de queso idiazabal
perifollo
50 g de piñones
50 g de parmesano rallado
50 g de aceite de oliva virgen extra
50 g de hojas de albahaca
un chorrito de aceite de oliva virgen

TRUCO

Hay que comprar las peras en su punto ideal de maduración, o bien dejarlas en un lugar oscuro y a unos 20 ºC para que maduren. Jamás hay que guardarlas en bolsas de plástico, pues las frutas necesitan aire y, si se guardan, pierden sabor y nutrientes y se acelera la putrefacción.

ELABORACIÓN

Hornear las rebanadas de pan con el horno a 180 ºC durante 5 minutos (deben quedar crujientes por fuera y tiernas por dentro). En un vaso americano, poner los piñones, el parmesano y las hojas de albahaca y triturar rápidamente con la túrmix.

Añadir el aceite de oliva y volver a triturar otros 30 segundos como para hacer una mayonesa. Reservar en hielo para evitar la oxidación.

Pelar la pera y laminarla finamente con la ayuda de una mandolina o con un cuchillo bien afilado.

Hacer escamas de queso idiazabal con un pelador o en su defecto con un cuchillo bien afilado.

ACABADO Y PRESENTACIÓN

Escurrir perfectamente las tiras de chalota, secarlas con un trapo seco y añadirlas a la ensalada. Por último, agregar el cilantro deshojado, dar unas vueltas más y servir la ensalada bien fresca.

ENSALADA DE **CAQUIS, AGUACATES** Y GAMBAS

Fruta y mar, santa alianza exótica

INGREDIENTES

1 kg de gambas cocidas y peladas
3 caquis de pulpa dura (persimón)
3 aguacates bien maduros
2 chalotas peladas
una pizca de ralladura de cáscara de limón
un chorrito de zumo de limón
un chorrito de aceite de oliva virgen extra
2 cucharadas de cilantro fresco deshojado
sal

TRUCO

Para dar aún más exotismo a la ensalada, podemos añadir una pizca de jengibre o de pasta de curri al aliño de aceite de oliva y zumo de limón.

ELABORACIÓN

Pelar los caquis cuidadosamente, intentando retirar el mínimo de pulpa posible.

Partirlos en dados de tamaño regular e introducirlos en una ensaladera.

Añadir la cáscara rallada de limón y un poco de su zumo. Pelar y partir los aguacates en dados del mismo tamaño que los caquis. Añadirlos a la ensaladera. Rociar el conjunto con el aceite de oliva y la sal. Dar unas vueltas y añadir las colas de las gambas cocidas y peladas.

Cortar las chalotas en tiras muy finas con ayuda de un cuchillo bien afilado. Introducirlas en un colador y pasarlas por agua para eliminar el exceso de sabor.

ACABADO Y PRESENTACIÓN

Cubrir el conjunto con las lonchas de queso
y servir.

HONGOS CRUDOS EN ENSALADA CON PARMESANO

Una manera diferente de comer setas

INGREDIENTES

1 kg de hongos crudos *(Boletus edulis)*
8 cucharadas de aceite de oliva virgen
2 cucharadas de vinagre de sidra
un trozo hermoso de queso parmesano
sal fina y pimienta recién molida
sal gorda

TRUCO

Los *Boletus* son unos hongos de precio elevado, por eso su limpieza debe ser escrupulosa y precisa. Nunca hemos de sumergirlos en agua para limpiarlos. Hay quien pela los tallos, pero no es aconsejable. Conviene retirar con una puntilla afilada todas las pequeñas hojas pegadas o ramitas y seccionar todas las esquinas o partes que veamos que puedan estar podridas o comidas por gusanos o animales.

ELABORACIÓN

Con un cuchillo pequeño, eliminar la tierra adherida a la base de los hongos. También se pueden limpiar con un cepillo de cerdas prietas. Con un trapo humedecido en agua, limpiar los sombreros para eliminar lo que se puede de la suciedad adherida. Picar los tallos de los hongos en dados.

Poner a fuego fuerte una sartén con 2 cucharadas de aceite de oliva. Añadir los tallos picados y una pizca de sal y pimienta, rehogarlos hasta que cojan color y queden un poco cruditos en su interior. Pasados unos segundos, incorporar el vinagre y dejar que se evapore. Retirar rápidamente del fuego.

Colocar las setas salteadas en una taza, con las otras 6 cucharadas de aceite de oliva para terminar la vinagreta. Con un pelador de patatas o un cuchillo, hacer láminas finas del trozo de queso.

Cortar los sombreros limpios con un cuchillo en láminas de 0,5 cm de grosor. Extenderlas en una bandeja amplia, sazonarlas con una sal gorda de calidad y rociar todas las láminas con la vinagreta preparada con anterioridad.

ACABADO Y PRESENTACIÓN

Colocar por encima de la escarola los medallones
gruesos obtenidos de las colas cocidas y
espolvorear con cebollino picado. Acompañarlo
con la salsa rosa para que cada uno en su plato
haga las mezclas oportunas.

ENSALADA DE **BOGAVANTE**

Un clásico para empezar con buen pie cualquier festín

INGREDIENTES

2 bogavantes vivos de 700 g cada uno
2 escarolas limpias
1 diente de ajo picado
6 cucharadas de aceite de oliva virgen
2 cucharadas de zumo de limón o vinagre
   de Jerez
salsa rosa
cebollino picado
sal
agua de mar o agua dulce hervida con sal

TRUCO

La mejor agua para cocer marisco es la del mar, bien limpia, lógicamente. En su defecto, lo más conveniente es hervir abundante agua con sal a razón de 20 g por litro y cocer en ella los bogavantes.

ELABORACIÓN

Poner al fuego una cazuela con el agua y cuando arranque el hervor, sumergir los bogavantes. Cocerlos unos 5 minutos. Escurrirlos y colocarlos en la misma cazuela, sin agua, enganchados en el borde de la cazuela por la cola con la cabeza hacia abajo para que se enfríen; así guardan sus ricos jugos.

Dejar enfriar los bogavantes para poder manejarlos sin quemarnos, pelar las colas, las dos juntas de la pinza, la pinza —quitar el duro hueso interior— y desmigar toda la carne de la cabeza, conservando también los corales, muy sabrosos y coloridos.

Colocar la escarola en un bol. Mezclar en una taza el zumo de limón o el vinagre de Jerez, la sal, el aceite de oliva y el diente de ajo picado. Verterlos sobre la escarola y darle unas vueltas.

Añadir todos los trozos menudos de bogavante y los corales.

ACABADO Y PRESENTACIÓN

Cuando las pechugas estén doradas, añadir
la cebolla picada y dejarla al fuego durante
2 minutos, para que se empape de los jugos
soltados por la carne.
Añadir el vinagre de sidra, una pizca de sal y,
pasado 1 minuto, retirar del fuego.
Acompañar las pechugas con la ensalada de
cogollos elaborada anteriormente.

PECHUGAS DE **PAVO** CON COGOLLOS Y QUESO

Un verdadero plato combinado al alcance de cualquier cocinillas

INGREDIENTES

50 g de queso cabrales o similar (queso azul)
12 cucharadas de aceite de oliva virgen extra
1 cucharadita de ajo picado
6 cucharadas de vinagre de sidra
8 cogollos de lechuga frescos
4 escalopes de pechuga de pavo
   de 175 g cada uno
aceite de oliva virgen extra
100 g de cebolla muy picada
2 cucharadas de vinagre de sidra
sal

TRUCO

Podemos tener hecha la vinagreta con antelación en suficiente cantidad como para almacenarla en la nevera. Además, con ella podemos aliñar desde una ensalada de tomate hasta unas patatas asadas.
Hay que tener cuidado con el punto de la carne para que no se seque. Es importante dorarla bien y quitarla siempre unos segundos antes de que esté hecha del fuego, puesto que con el reposo las carnes muy finas terminan de hacerse en la sartén.

ELABORACIÓN

En primer lugar, elaborar la vinagreta para aliñar los cogollos. Para ello, introducir en el vaso de una batidora el queso, el aceite de oliva virgen, el ajo, el vinagre y la sal, accionando la máxima potencia hasta obtener una vinagreta cremosa y ligada. Reservar.

Limpiar los cogollos eliminando la base leñosa y las hojas exteriores. Cortarlos en cuartos y deshojarlos, y sumergirlos en abundante agua con unas gotas de vinagre o de lejía. Una vez limpios, escurrirlos y secarlos concienzudamente.

Rociar los cogollos deshojados con la vinagreta de queso y dejar que se empapen perfectamente durante unos minutos, así estarán listos para acompañar a las pechugas como guarnición.

Sazonar las pechugas por ambas caras. Poner a fuego fuerte una sartén con unas gotas de aceite de oliva virgen. Hacer las pechugas, vuelta y vuelta, bien tostadas. Dependiendo del grosor, estarán más o menos tiempo, pero serán necesarios al menos 2 minutos por cada lado.

ACABADO Y PRESENTACIÓN

En un plato colocar de base un poco de mayonesa
de anchoas y bonito, 4 rodajas de patata encima,
un poco más de mayonesa de anchoa y bonito y
las lonchas de jamón cocido, agregar las
alcaparras y los alcaparrones, la rúcula y servir.

ENSALADA ALIÑADA DE JAMÓN Y PATATAS

Económica y suculenta

INGREDIENTES

500 g de patatas
12 lonchas de jamón cocido
25 g de alcaparras
  y alcaparrones
un puñado de rúcula tierna

**Para la mayonesa de anchoas
y bonito**
100 g de bonito en aceite
2 filetes de anchoa en aceite
2 yemas de huevo
200 ml de aceite de oliva 0,4º
2 cucharaditas de mostaza
  de Dijon
15 ml de vinagre de Jerez
sal y pimienta

TRUCO

A la hora de comprar, hay que escoger patatas consistentes, duras al tacto, con la piel lisa y sin brotes. Las variedades Charlotte o Roseval son muy ricas en ensalada. Eso sí, según el tamaño, el tiempo de cocción puede ser muy diferente, entonces para no equivocarnos es mejor optar por las de tamaño mediano.

ELABORACIÓN

Lavar las patatas y cocerlas aproximadamente 30 minutos en agua hirviendo con sal, a fuego lento (para que no se rompan) hasta que estén hechas. Dejar enfriar y reservar. Cuando las patatas estén frías, pelarlas y cortarlas en rodajas de aproximadamente 5 mm de espesor.

En un vaso de túrmix colocar las yemas, la mostaza y el vinagre. Agregar el aceite de oliva en forma de hilo para montar la mayonesa.

Picar el bonito y los filetes de anchoa lo más finamente posible con un cuchillo.

Añadir el bonito y la anchoa picados en el último momento a la mayonesa y mezclar bien hasta que quede todo homogéneo, (es importante triturarlo pocos segundos para no quemar la anchoa y el bonito). Poner a punto de sal y pimienta.

ACABADO Y PRESENTACIÓN

Añadir las hojas de acelga a la patata cocida
reservada en la cazuela y machacar el conjunto
con un tenedor. Se pueden agregar unas gotas
del caldo de cocción de las patatas y la verdura.
Sazonar. Colocar la patata y el verde de acelga en
una fuente honda o en platos hondos y cubrir con
las pencas de acelga rebozadas. Si se enfría, se
puede calentar unos minutos en el microondas.
Rociar el conjunto con un buen chorro de aceite
de oliva virgen extra y servir.

ACELGAS A LA VASCA

Una verdura saludable y olvidada, con patatas y rebozada

INGREDIENTES

1 manojo de acelgas
4 patatas hermosas
4 cucharadas de aceite de oliva
4 dientes de ajo
harina y huevo para rebozar
aceite de oliva o de girasol para freír
sal

TRUCO

Las acelgas preparadas de esta forma quedan muy sabrosas, por la compañía de las patatas y el refrito de ajos. Conforme vayamos cogiendo el tranquillo a esta receta, podemos añadir mayor o menor cantidad de caldo de cocción de las verduras a las patatas machacadas con el tenedor, para que el fondo nos resulte más seco o más caldoso, según los gustos.

ELABORACIÓN

Pelar las patatas y cortarlas en pedazos grandes. Separar las pencas de acelga de las hojas verdes.

Limpiar las pencas de hilos, partirlas en pedazos de entre 7 y 8 cm de largo. Limpiar las hojas verdes en varias aguas y cortarlas con un cuchillo en tiras alargadas.

Poner a hervir abundante agua ligeramente salada e introducir las patatas y las pencas. Cocer 20 minutos, a fuego muy suave, hasta que tanto las patatas como las pencas estén tiernas. Escurrir, guardando un poco de caldo de cocción, y reservar las patatas en la misma cazuela, al calor.

Pasar por harina y huevo las pencas cocidas, y freírlas en abundante aceite. Escurrir y reservar. Limpiar la sartén y añadir las 4 cucharadas de aceite y los ajos. Una vez bien dorados, agregar las hojas verdes de acelga, rehogarlas hasta que estén hechas.

ACABADO Y PRESENTACIÓN

Agregar una pizca de pimienta recién molida y
servir acompañado de unas rebanadas de pan
tostado y una ensalada verde.

EMPEDRAT

Un plato catalán que pertenece al recetario universal

INGREDIENTES

750 g de lomos de bacalao desalados
aceite de oliva virgen extra
1 cebolleta en tiras
2 dientes de ajo picados
6 tomates de rama pequeños
pimienta recién molida
1 cucharada de perejil picado
4 cucharadas de aceitunas negras picadas
4 cucharadas de alubias en conserva, cocidas
   y escurridas
vinagre de Jerez
sal

TRUCO

Es aconsejable lavar con agua las cebolletas
y las alubias en un colador bajo el grifo.
De esa forma eliminamos el sabor fuerte de
la cebolleta y las alubias quedan separadas
y fundentes.

ELABORACIÓN

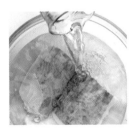

Pasar los lomos de bacalao por agua, escurrirlos perfectamente y secarlos. A continuación, desmigarlos (en catalán, *esqueixar*) con las manos. Colocar el bacalao bien extendido en una fuente y cubrirlo con aceite de oliva virgen, de forma que quede bien empapado. Dejarlo así una media hora.

Mientras, poner en un bol la cebolleta y el ajo y sazonar con unas gotas de vinagre y sal.

Pelar los tomates, retirar las semillas del interior y partirlos en dados pequeños.

Añadir los tomates al bol, junto con el perejil picado, las aceitunas, unas cucharadas del aceite de maceración del bacalao y las alubias en conserva escurridas. Entonces, incorporar a toda esta mezcla el bacalao bien escurrido y rectificar de sal.

ACABADO Y PRESENTACIÓN

Rociar la ensalada con un chorrito de vinagreta
y removerla con las manos con sumo cuidado.
Se puede servir la ensalada tal cual, en un bol,
con más vinagreta para quien desee añadir más,
o presentarla con más detalle, como se observa
en la foto. Rociarla finalmente con un hilo de
aceite de oliva virgen extra.

ENSALADA DE **MANZANAS** CON VINAGRETA DE YOGUR

Ligera y refrescante a más no poder

INGREDIENTES

2 manzanas de tamaño hermoso
3 ramas de apio
2 pepinos medianos
1 yogur natural
2 cucharadas de vinagre de manzana
1 cucharadita de vinagre de Jerez
sal y pimienta
aceite de oliva virgen extra

TRUCO

A la hora de hacer una vinagreta, es importante mezclar la sal con el vinagre. De esta manera, la sal se integra perfectamente.
Se puede agregar a la vinagreta una cucharadita de miel o unos frutos secos picados.

ELABORACIÓN

Sacar las semillas de las manzanas y cortarlas con un cuchillo pequeño en láminas de medio centímetro de grosor. Si disponemos de una mandolina doméstica, podemos ayudarnos de ella.

Cortar los extremos más verdes del apio y quedarnos con sus tallos más tiernos. Pelar el apio con ayuda de un cuchillo pequeño afilado, retirando todos los hilos que pueda tener, y cortarlo en rodajas muy finas.

Cortar el pepino en rodajas finas. En una taza, mezclar el vinagre con la sal, la pimienta y finalmente el yogur. Dar unas vueltas y rectificar de sal.

En un bol, mezclar la fruta y la verdura preparada y sazonarla ligeramente. Ha de hacerse con velocidad, para que los distintos elementos queden tersos y no se oxiden.

ACABADO Y PRESENTACIÓN

Colocar la ensalada de txangurro en un plato
ligeramente cóncavo y sobre ella colocar dos
quenelles de crema cítrica, unos brotes de
espinaca, unas gotas de tomate frito y aceite
de oliva en hilo bien fino.

ENSALADA DE **TXANGURRO**

Bocado de capricho

INGREDIENTES

1 txangurro (centollo) de
   aproximadamente 1 kg
agua
sal marina gruesa

Para la ensalada

360 g de carne de txangurro
   escurrido
4 huevos
180 g de mayonesa

Además

200 ml de nata
2 cucharaditas de zumo de
   lima
ralladura de lima
una pizca de sal
1 cucharada de aceite de oliva
   virgen extra
1 cucharada de tomate frito
brotes de espinaca

TRUCO

A la hora de cocer el
txangurro, si el animal está
vivo partir desde agua fría
para que no se suelten
las patas. Por el contrario,
si el animal está muerto partir
de agua hirviendo.

ELABORACIÓN

En una cazuela con agua y sal (40 g por litro), meter el txangurro con la tripa para arriba, de modo que quede bien cubierto, y ponerlo a fuego fuerte. Cuando el agua hierva bajar un poco el fuego y cocer el txangurro según el peso (para una pieza de 1 kg se necesitan unos 12 minutos). Pasado este tiempo, sacar del agua y dejar enfriar.

Cuando el txangurro esté frío, separar las patas del resto del cuerpo, abrir el caparazón, eliminar las branquias y recoger las huevas y el coral. Cortar en tres trozos cada mitad y machacar las patas. Verter el contenido del caparazón en un recipiente. Revisar la carne del txangurro a fin de que esté bien limpia de cáscaras.

Cocer los huevos en agua hirviendo partiendo de agua caliente durante 9 minutos y refrescarlos en agua con hielo. Pelarlos y picarlos finamente. Mezclar suavemente los huevos cocidos con la carne de txangurro y la mayonesa, con la ayuda de una espátula de silicona, hasta conseguir una mezcla homogénea. Sazonar.

Preparar una crema cítrica, mezclando el zumo de lima con la nata semimontada y la ralladura de lima hasta conseguir una crema.

ACABADO Y PRESENTACIÓN

Lo mejor es comerse todo este festival una
vez que hayan pasado al menos 12 horas,
a temperatura ambiente, de forma que los
mejillones estén bien empapados.
Acompañarlos con unas patatas cocidas y
aliñadas con la verdura y el jugo del escabeche,
con una pizca de sal.

MEJILLONES EN ESCABECHE

Hay que comer mejillones para estar guapos y sanos

INGREDIENTES

2 kg de mejillones limpios
200 ml de vino blanco
2 cebolletas hermosas en tiras
8 dientes de ajo enteros
1 hoja fresca de laurel
10 cucharadas de aceite de oliva
unos granos de pimienta negra
5 cucharadas de vino blanco
1 cucharada de pimentón de la Vera dulce
½ cucharada de pimentón de la Vera picante
250 ml de aceite de oliva virgen
250 ml de vinagre de sidra
sal

TRUCO

Para darle un toque especial al escabeche, se pueden añadir distintos tipos de hierbas aromáticas secas o, mejor aún, frescas: tomillo, romero, orégano, hierbabuena, mejorana o incluso una pizca de canela.

ELABORACIÓN

Meter los mejillones bajo el chorro de agua fría y limpiarlos. Poner una cazuela amplia al fuego con las 10 cucharadas de aceite de oliva y añadir las cebolletas, el laurel, los granos de pimienta y los ajos, cocinar a fuego suave 10 minutos.

Pasado este tiempo, incorporar los mejillones y las 20 cucharadas de vino blanco, y dejar que los mejillones se abran rápidamente. Sacar los mejillones y dejar que se templen. Retirar las conchas para reducir volumen y facilitar la degustación del plato.

Reducir el jugo de la cazuela unos instantes con la verdura y añadir los pimentones, dar unas vueltas y agregar el aceite de oliva virgen, el vinagre de sidra y las 5 cucharadas de vino blanco. Al primer hervor, esperar 8 minutos para que el vinagre pierda su fuerza antes de apagar el fuego y dejar entibiar el escabeche. Añadir los mejillones.

Hay que tener cuidado de que no se nos sequen con el exceso de calor. Dejar enfriar.

ACABADO Y PRESENTACIÓN

Para hacer la salsa, poner todos los ingredientes
en la batidora, triturar y salpimentar. Luego
poner a refrescar. Colocar la salsa en la base de
una bandeja, poner encima los tomates tibios.
Espolvorear con el cebollino picado y un hilo
de aceite de oliva.

TOMATES RELLENOS DE **CARNE**

INGREDIENTES

8 tomates medianos con su tallo
1 cebolleta muy picada
2 dientes de ajo picados
100 g de beicon en taquitos
un ramillete pequeño
   de albahaca fresca
6 tomates confitados
la carne de 4 salchichas frescas
1 huevo
50 g de queso idiazabal rallado
aceite de oliva
2 ramitas de tomillo fresco
8 pimientos del piquillo
5 cucharadas de pan tierno
   desmigado

una pizca de azúcar
100 ml de jugo de asado de pollo
un chorrito de vino blanco
cebollino picado
sal y pimienta

Para la salsa

3 tomates pera maduros
un chorrito de tabasco
un chorrito de kétchup
2 cucharadas de tomate
   concentrado
un chorrito de vinagre de Jerez
50 g de miga de pan de hogaza
aceite de oliva virgen
sal y pimienta

TRUCO

Mi tomate preferido para
hacer la salsa es el tomate
pera porque es carnoso,
de piel muy fina y tiene
pocas pepitas. Otra de sus
cualidades es su sabor dulce,
sin excesiva acidez.

ELABORACIÓN

Precalentar el horno
a 180 ºC. Cortar la
parte de arriba de los
tomates y vaciarlos,
reservando la tapa.
Picar la carne del
interior de los
tomates y ponerla
en un bol. En una
sartén honda con
aceite, sofreír la
cebolleta con los ajos
y salpimentar. Añadir
el beicon y sofreír.

Picar sobre la tabla
la albahaca y los
tomates confitados,
y colocar en un bol.
Añadir la carne de
salchicha, el huevo,
el queso y el pan
desmigado, mezclar
y salpimentar. En
la sartén honda
incorporar al sofrito
el tomate picado, el
tomillo y el azúcar y
guisar unos minutos.

Abrir los pimientos
del piquillo y forrar
el fondo de los
tomates con ellos,
para sellarlos por
si hay agujeros.
Salpimentarlos y
añadir una pizca
de azúcar.

Mezclar el sofrito
con la preparación de
salchicha y rellenar
con ella los tomates.
Colocarlos en el fondo
de una bandeja de
horno con el jugo
de asado, el vino y
el aceite de oliva.
Cubrir con papel de
aluminio y hornear
25 minutos.

ACABADO Y PRESENTACIÓN

Saltear las zamburiñas con el aceite restante en
la sartén muy caliente, justo para que tomen color
pero queden crudas y calientes en su interior.
Es cuestión de segundos. Sazonar ligeramente.
Sobre las conchas de zamburiña, servir el sofrito
de cebolla y tomate bien caliente y colocar encima
las zamburiñas recién salteadas. Rociar con unas
gotas de aceite de oliva y una pizca de pimentón.
El que guste puede rociarlas también con unas
gotas de zumo de limón.

ZAMBURIÑAS SALTEADAS

Una tapa marinera rica y vistosa

INGREDIENTES

3 kg de zamburiñas frescas, con su concha
3 cebollas hermosas cortadas en tiras
3 cucharadas de sofrito de tomate
una pizca de pimentón de la Vera picante
1 diente de ajo picado
4 cucharadas de aceite de oliva virgen extra
sal gorda para la presentación
sal fina

TRUCO

Para que quede más vistoso, sobre una cama
de sal gorda marina depositamos las conchas,
que quedarán perfectamente acomodadas
sobre ella y no se balancearán.

ELABORACIÓN

En una cazuela
amplia, añadir
3 cucharadas de
aceite de oliva, las
cebollas en tiras, el
ajo picado y una pizca
de sal. Cocer a fuego
medio la verdura
hasta obtener un
encebollado bien
dorado y tierno,
aproximadamente
durante 50 minutos.

Un rato antes de
retirar del fuego,
añadir el sofrito de
tomate y el pimentón,
dando unas vueltas
para que los aromas
se integren bien y la
preparación adquiera
un rojo intenso.
Rectificar de sal.
Lavar cuidadosamente
las conchas de las
zamburiñas para
eliminar todo rastro
de impurezas.

Deslizar el filo de un
cuchillo afilado por
el interior de la
zamburiña, apretando
contra la concha
plana, para abrir
y retirar la carne lo
más entera posible.

Una vez abiertas
y desprendidas de
sus conchas, poner
las zamburiñas bajo
un chorro de agua
fría, retirar todas las
rebabas que rodean
la nuez blanca y
reservar únicamente
el músculo.
Lavar también las
conchas cóncavas
de las zamburiñas,
pues las utilizaremos
para servir.

ACABADO Y PRESENTACIÓN

Servir con pan tostado. Una forma vistosa de
emplatar el centollo es la que se muestra en
la fotografía: con ayuda de un aro de cocina sin
fondo, dándole esa forma cilíndrica tan atractiva.
Rociar con un chorrito de aceite de oliva virgen
y listo.

ENSALADA DE **CENTOLLO** DESMIGADO

Una forma bien fresca de comer marisco elaborado

INGREDIENTES

750 g de centollo cocido, desmigado y frío,
   bien escurrido para que no suelte jugo
salsa mayonesa
una puntita de mostaza a la antigua
1 cucharada de salsa de tomate
1 cebolleta
1 tomate maduro
perejil picado
sal

TRUCO

Si compramos el centollo cocido, nos ahorramos tener que cocerlo, tarea complicada y engorrosa, pues es necesaria una cazuela hermosa y tiento para no dejarlo muy seco. Existen también algunas pescaderías que venden centollo o buey de mar de excelente calidad, cocidos y desmigados. El caso es que es imprescindible carne de centollo cocido, de las patas y también de la cabeza. Esta última es una parte bien sabrosa y, aunque tiene un feo aspecto, es muy rica.

ELABORACIÓN

Cortar en dados bien pequeños el tomate, previamente pelado y despepitado.

Sobre una tabla, picar la cebolleta con un cuchillo muy afilado. Una vez bien picada, colocarla en un colador y pasarla bajo el grifo de agua fría, de forma que quede bien lavada. Apretar bien con las manos para eliminar el agua sobrante y disponerla sobre un trapo seco para que quede bien escurrida.

Colocar el centollo cocido y desmigado en un bol. Añadirle suficiente salsa mayonesa para darle un aspecto cremoso y ligado, pero sin excederse, pues hay que evitar que resulte un pegote muy pesado y procurar que se aprecie la textura de las hebras del centollo.

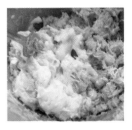

Agregar la mostaza, la salsa de tomate, el perejil y la cebolleta picada. Incorporar también el tomate en dados. Rectificar de sal y sazonar si es necesario.

ACABADO Y PRESENTACIÓN

Se puede añadir un chorrito de nata líquida para
que la salsa sea aún más untuosa, o unas hojas
de menta fresca o de albahaca cortadas en finas
tiras o picadas para aromatizar, que se agregan
después de batir la salsa de queso fresco o yogur.
En el momento de servir, repartir la fruta en boles
individuales y verter la salsa por encima.

ENSALADA DE **FRUTAS** FRESCAS

Una macedonia tradicional con el contrapunto ácido del yogur

INGREDIENTES

2 naranjas
4 mandarinas
2 manzanas
1 pera
200 g de piña fresca
200 g de fresones
½ melón
3 pomelos
15 cucharadas de queso fresco o de yogur
   natural
azúcar al gusto

TRUCO

Podemos recurrir durante todo el año a las frutas de temporada para variar los ingredientes de nuestras ensaladas, y atrevernos con todo tipo de variedades: mangos, papayas, chirimoyas, maracuyás, caquis, plátanos, etcétera, serán la sorpresa dulce y agradable de cada cucharada. Si estamos a dieta y no queremos tomar azúcar, podemos añadir una pizca de sacarina para endulzar la salsa.

ELABORACIÓN

Sobre la tabla de cortar, con ayuda de un cuchillo afilado, retirar parte de la piel de las naranjas, sin la parte blanquecina. Cortar la cáscara en tiras muy finas y reservarla. Pelar las naranjas, quitando la piel blanca, y partirlas en gajos.

Echar los gajos en un gran bol, junto con los de las mandarinas. Pelar las manzanas y las peras y cortarlas en gajos o en dados. Añadirlas al bol y darles unas vueltas. Lavar los fresones, cortarlos por la mitad o en cuartos y echarlos también al bol.

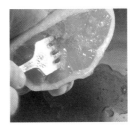

Retirar la cáscara de la piña y el melón y cortarlos en dados regulares, añadirlos al resto de la fruta. Por último, exprimir uno de los pomelos y reservar el zumo. Pelar los otros dos y cortarlos en gajos, añadirlos al resto de la fruta.

Dar unas vueltas a la fruta y reservarla en la nevera. Mezclar en un bol con un tenedor, o mejor con unas varillas, el queso fresco o el yogur, azúcar al gusto y el zumo de pomelo, hasta obtener una salsa bien cremosa.

ACABADO Y PRESENTACIÓN

Cuando las peras estén bien doradas, melosas y
tiernas, conviene retirarlas del fuego y dejar que
se entibien en la misma sartén, de forma que
al enfriarse absorban bien los jugos de cocción,
que quedan así adheridos a la fruta. Una vez
tibias, colocarlas en un plato hondo o en boles y
coronarlas con una bola de helado. Sea cual sea
el helado que elijamos, se derretirá en contacto
con la fruta tibia y hará las veces de salsa.

PERAS SALTEADAS CON HELADO

Adoro los postres de fruta cocinada

INGREDIENTES

4 peras Williams
unas gotas de zumo de limón
2 cucharadas de azúcar moreno
2 cucharadas de mantequilla
1 ramita de canela
helado al gusto

TRUCO

Se puede probar a añadir una pizca de sal a este tipo de postres de fruta cuando se cocinan, en nuestro caso, en el momento de saltear las peras. Unos granos de sal en un bol de fresas frescas con azúcar, por ejemplo, realzan el sabor una barbaridad. Y lo mismo ocurre en una macedonia, pues da igual las frutas que sean.

ELABORACIÓN

Pelar las peras y partirlas en cuatro cuartos. Con cuidado de no retirar la pulpa y de dejar intacto el pedúnculo, retirar los corazones y las semillas con ayuda de un cuchillo afilado.

Regarlas con unas gotas de zumo de limón para que no se oxiden y para que la acidez les dé un toque cuando se cocinen al fuego. El zumo de limón les realza el sabor. Poner en una sartén amplia el azúcar y caramelizarlo a fuego suave. Ha de coger un tono dorado sin quemarse.

Añadir la mantequilla, bajar el fuego e introducir la fruta, salteándola y removiendo hasta que esté melosa y cubierta por una fina película brillante. Agregar la canela en rama, rota en trocitos. Saltear las peras a fuego moderado unos 10 minutos, sin dejar que se quemen. Remover para que los trozos se cuezan uniformemente.

Elegir el helado al gusto: más dulce si somos golosos —chocolate, vainilla, leche merengada—, o más ácido si nos gustan los contrastes —limón, mandarina, naranja.

ACABADO Y PRESENTACIÓN

Mezclar la sopa con la fruta del bol y los
higos pelados y cortados en dados del mismo
tamaño que el plátano. Hacer lo mismo con las
fresas: cortarlas en dados del mismo tamaño.
Desmenuzar las frambuesas con las manos.
El éxito de este postre radica en comerlo muy,
muy frío. Al servirlo se pueden esparcir por la
superficie unas grosellas frescas o moras o
fresitas del bosque.

SOPA FRÍA DE **HIGOS**, LIMA Y ALBAHACA

Un postre refrescante

INGREDIENTES

8 higos maduros
2 plátanos maduros
500 ml de agua
80 g de azúcar
10 fresas
100 g de frambuesas
1 vaina de vainilla abierta con sus granos
    rascados
la ralladura y el zumo de 1 lima
un buen puñado de albahaca fresca

TRUCO

Debemos dejar que la sopa se refresque bien en la nevera, pero podemos acelerar el proceso sumergiéndola en un baño de agua fría con hielo.

ELABORACIÓN

Deshojar la albahaca y cortar sus hojas en tiras finas. Reservar los tallos.

Pelar y picar los plátanos en dados pequeños y ponerlo en un bol.

Añadir la ralladura y el zumo de lima y las hojas de albahaca en tiras. Reservar esta mezcla en la nevera.

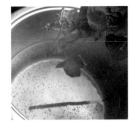

Hervir el agua con el azúcar, la vainilla abierta y rascada y los tallos de albahaca. Nada más romper el hervor, retirar del fuego, cubrir la cazuela y dejar que se enfríe bien en la nevera.

ACABADO Y PRESENTACIÓN

Cubrir las peras con el sirope obtenido durante
su cocción. Acompañar con el chantillí frío.

PERAS AL VINO

INGREDIENTES

6 peras Williams hermosas
1 vaina de vainilla
1 clavo de olor
la piel de 1 limón
100 g de azúcar
1 botella de vino tinto
1 copa de oporto tinto

Además
400 ml de nata muy fría
    para montar
un chorrito de ron
una pizca de azúcar

TRUCO

Es importante la calidad del
vino a la hora de cocinar.
No digo que usemos el mejor,
ya que sería una pena, pero
tampoco es bueno utilizar
un vino de baja calidad,
porque luego se nota en el
resultado final.

ELABORACIÓN

Pelar las peras sin
quitarles el rabo y
colocarlas en una
olla en la que quepan
justas apoyadas
en el fondo, sin
amontonarse.

Cubrirlas con los
vinos, la vaina de
vainilla abierta, el
clavo, la piel de limón
y el azúcar, y hervirlas
a fuego lento. Cocer
hasta que las peras
estén bien tiernas.
Retirar la olla del
fuego y reservar
hasta que las peras
se enfríen.

Preparar un chantillí
batiendo la nata con
el azúcar.

Añadir el ron a la
crema chantillí y
remover con cuidado.

ACABADO Y PRESENTACIÓN

Un truco muy sabroso consiste en rellenar el
hueco del corazón con muesli de cereales, frutos
secos o pasas y ciruelas. Se asarán junto con las
manzanas y desprenderán un delicioso aroma.
Al romper las manzanas encontraremos una
sorpresa en su corazón. Si no toleramos el azúcar,
podemos asar las manzanas solo con agua y sidra,
y endulzarlas con sacarina.

MANZANAS ASADAS

Un postre entrañable y cómodo de preparar en el horno

INGREDIENTES

8 manzanas reinetas
8 cucharadas de agua
8 cucharadas de sidra
8 cucharadas de azúcar
ocho pizcas de canela en polvo
    u ocho astillas delgadas de canela en rama
    (optativo)

TRUCO

Para asar, el tipo de manzana más fácil de encontrar y más sabroso es la reineta en todas sus variedades. En crudo suelen ser mucho más ácidas y ásperas, cualidades que les vienen de perlas para ser asadas. Podemos sustituir la sidra por un aguardiente blanco, vino blanco o moscatel. También la canela puede ser sustituida por medias vainas de vainilla, que abriremos en dos para que inunden con su aroma el asado de la fruta.

ELABORACIÓN

Precalentar el horno a 180 ºC. Lavar las manzanas.

Con ayuda de un descorazonador, eliminar el centro leñoso.

Con un cuchillo afilado, hacer una ligerísima incisión a lo ancho de las manzanas para que no revienten en el horno. Colocarlas en una fuente de horno. Rociarlas con el agua, la sidra y el azúcar y, si nos gusta, espolvorearlas con canela en polvo o introducir una astilla de canela en el hueco del corazón, de manera que sobresalga unos centímetros.

Hornearlas de 30 a 40 minutos, rociándolas a menudo con su jugo. Dejarlas templar para comerlas solas o acompañadas de helado, crema chantillí o una salsa inglesa.

INVIERNO

ACABADO Y PRESENTACIÓN

Aliñar la escarola en un bol con una pequeña
parte del jugo resultante de la cocción de los
escalopes y dar vueltas. Colocar los escalopes de
pato en el recipiente en el que vayamos a servir,
intentando no perder ni el jugo ni los tropezones.
Repartir la escarola recién aliñada por encima
y rociar el conjunto con el resto de la vinagreta.
Servir antes de que se enfríe.

ENSALADA FÁCIL DE **PATO**

Una ensalada rápida y muy lucida para sorprender a los amigos

INGREDIENTES

4 muslos de pato confitados en conserva,
   bien escurridos
2 escarolas limpias, secas y sueltas sus hojas
3 dientes de ajo picados
8 cucharadas de aceite de oliva virgen
el zumo de ½ limón
una puntita de mostaza a la antigua
1 tomate maduro pelado y cortado en dados
   pequeños
sal

TRUCO

Es importante limpiar siempre la verdura que comemos cruda al menos en dos aguas. La primera, con unas gotas de vinagre o de lejía; la segunda, limpia. Tras la limpieza, dar vueltas y escurrirla bien.

ELABORACIÓN

Es conveniente tener las latas de muslo de pato confitado a temperatura ambiente para que, al abrirlas, sea más cómodo vaciar su contenido. Retirar con las manos el máximo posible de grasa, y colocar los muslos sobre una tabla de cocina.

Con un cuchillo afilado, eliminar el hueso de los muslos. Para ello, no hay más que seguir el contorno del hueso, en forma de L, y separar la carne de cada muslo en dos pedazos, dejando el hueso bien limpio. Partir cada mitad de muslo en escalopes de cierto grosor.

En una sartén bien caliente, sin añadir nada de grasa, saltear los escalopes de muslo de pato unos 30 segundos por cada uno de sus lados. Han de quedar bien tostados por ambos lados. Retirar la grasa que pudiera quedar en el fondo cada vez que se incorporan escalopes nuevos.

En una taza, mezclar el zumo de limón, la sal, el aceite de oliva, los dientes de ajo picados, la mostaza y los dados de tomate. Remover bien esta vinagreta con una cuchara y rociarla sobre los escalopes de pato, calientes y dorados.

ACABADO Y PRESENTACIÓN

Colocar un par de anchoas marinadas encima del
guacamole y decorar con unas hojitas de perifollo.

GUACAMOLE CON ANCHOAS

INGREDIENTES

250 g de aguacate maduro
50 g de cebollas
15 ml de zumo de limón
100 g de tomates
6 tomates cherry
guindillas encurtidas
1 cucharadita de cilantro
   picado
tabasco
sal y pimienta

Además

1 bote de anchoas en aceite
3 cucharadas de aceite de
   oliva virgen extra
2 dientes de ajo fileteados
½ guindilla fresca picada
1 endivia
hojas de perifollo

TRUCO

Si compramos los aguacates
un poco verdes y queremos
madurarlos en casa, para
acelerar el proceso, los
podemos guardar un día o
dos en una bolsa de papel.
Es muy importante utilizar
los aguacates cuando están
maduros, sin guardarlos en la
nevera, o se pondrían negros.

ELABORACIÓN

Picar la cebolla en
brunoise (en dados
muy pequeños, de
1 o 2 mm de lado),
cortar el tomate en
concassé (en dados
de aproximadamente
0,5 cm de lado).
Aplastar el aguacate
con un tenedor y
mezclarlo con la
cebolla y el tomate.

Añadir el zumo de
limón y las guindillas
picadas, salpimentar
y añadir el tabasco y
el cilantro picado.
Cubrir con papel de
plata y refrescar en
la nevera durante
al menos 1 hora.
Mezclar bien y
disponer los tomates
cherry por encima
cortados por la
mitad.

Hacer un refrito con
los ajos, la guindilla
picada y las 3 cucharas
de aceite de oliva
en una sartén. Justo
cuando el ajo comience
a tomar un color
anaranjado, quitar
del fuego y dejar
enfriar. Sacar las
anchoas del bote
y extenderlas en un
plato, verter el refrito
sobre las anchoas
y dejar marinar
unos 15 minutos.

Deshojar la endivia,
quitar las primeras
hojas si están en mal
estado y rellenar
las demás con un
poco de guacamole.

ACABADO Y PRESENTACIÓN

Servir antes de que la ensalada se marchite.

ENDIBIAS EN ENSALADA

Una ensalada de espíritu francés

INGREDIENTES

6 endibias grandes
2 cebolletas tiernas
2 cucharaditas pequeñas de mostaza tipo Dijon
2 cucharadas de vinagre de sidra
2 cucharadas de yogur natural
8 cucharadas de aceite de oliva virgen extra
sal y pimienta recién molida

TRUCO

Una cucharada de salsa mayonesa dará al conjunto un agradable contrapunto. A partir de ahí, la puerta está abierta para añadir los ingredientes que más nos gusten o para aliñar con la vinagreta de esta receta nuestras hojas preferidas: batavia, hoja de roble, escarolas, espinacas crudas, rúcula...

ELABORACIÓN

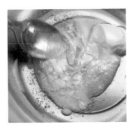

Primero, deshojar las endibias. Eliminar las hojas exteriores más estropeadas y dejar para la ensalada las del cogollo interior, más tiernas, sabrosas y crujientes. Las hojas retiradas, bien limpias, pueden servir para hacer, por ejemplo, una crema de verduras.

Limpiar las endibias en abundante agua fría con unas gotas de vinagre o lejía. Remover bien con las manos, escurrirlas y lavarlas en agua fría. Escurrir y centrifugar, o secarlas con un trapo. Pelar la cebolleta y cortarla en tiras bien finas. Para que queden más crujientes y pierdan su fuerte sabor, remojarlas en agua con hielo 10 minutos. Escurrirlas y secarlas.

En un bol y con ayuda de una varilla metálica (o una cuchara), mezclar la mostaza, el vinagre y un poco de sal y pimienta. Añadir el yogur y el aceite de oliva en fino cordón, sin dejar de batir.

Mezclar en una ensaladera las endibias y la cebolleta, y rociar con la vinagreta delicadamente, removiendo con mucho cuidado, de forma que el conjunto quede bien empapado.

ACABADO Y PRESENTACIÓN

Enfriarlos en la nevera un rato antes de comerlos.

ENSALADA DE **GARBANZOS**

Para aprovechar los garbanzos del cocido

INGREDIENTES

500 g de garbanzos, cocidos y escurridos
2 lonchas de cabeza de jabalí
  cortadas muy gruesas
2 huevos cocidos y pelados
perejil picado
2 puñados de pepinillos en vinagre
2 cucharadas de mayonesa
8 cucharadas de aceite de oliva virgen
2 cucharadas de vinagre de sidra
sal y pimienta recién molida

TRUCO

No es necesario decir que podemos sustituir el garbanzo por la legumbre que más nos guste o agrade a los nuestros: lentejas, alubias rojas o blancas... Solo será necesario escurrirla bien y aliñarla con los ingredientes que más nos apetezcan.

ELABORACIÓN

Colocar en un bol los garbanzos, en conserva o, mejor, sobrantes de haber hecho una sopa o similar.

Desmenuzar con las manos las lonchas de cabeza de jabalí. Picar los huevos cocidos. Partir los pepinillos en finas rodajas con ayuda de un cuchillo bien afilado. Mezclar entonces todos estos ingredientes en un bol o en una ensaladera y añadir el perejil picado.

En una taza aparte, ligar la sal y la pimienta con el vinagre, hasta que se disuelva todo. Verter en fino cordón el aceite de oliva, batiendo con un tenedor. Agregar la mayonesa, de forma que este aliño quede bien homogéneo y, sobre todo, cremoso. Rectificar, si es necesario, añadiendo un poco más de sal o pimienta.

Echar el aliño sobre los garbanzos y el resto de los ingredientes, y mezclar perfectamente.

ACABADO Y PRESENTACIÓN

Una vez que estén bien glaseados, sacar los
cogollos y servirlos solos o para acompañar
pescados, carnes o lo que apetezca.

COGOLLOS DE **LECHUGA** BRASEADOS

INGREDIENTES

8 cogollos de Tudela
2 cebolletas (200 g)
2 zanahorias (120 g)
1 calabacín (180 g)
1 litro de caldo de carne reducido a 200 g
2 cucharadas de aceite de oliva virgen extra
una pizca de bicarbonato

TRUCO

Para conservar los cogollos frescos es mejor no almacenarlos junto con manzanas, peras o plátanos, porque estas frutas emiten gas etileno natural que hará que se pudran más rápidamente. Es un dato curioso que merece la pena tener en cuenta.

ELABORACIÓN

Lavar las cebolletas, las zanahorias y el calabacín y picarlos en dados menudos.

Rehogar las zanahorias y las cebolletas en una sartén con 2 cucharadas de aceite de oliva durante 2 minutos, añadir el calabacín y pochar durante 5 minutos más.

Blanquear los cogollos 2 minutos en agua hirviendo con sal y una pizca de bicarbonato y refrescarlos rápidamente en agua con hielo. Quitarles la parte de la cabeza, unos 2 mm, y las primeras hojas exteriores y escurrirlos bien.

Añadir el caldo reducido a la sartén, llevar todo a ebullición y volcar el jugo con las verduras en una bandeja de horno antiadherente. Colocar los cogollos de lechuga encima de las verduras y cocer en el horno a 170 °C durante 40 minutos, rociándolos con el jugo continuamente para que se vayan glaseando.

ACABADO Y PRESENTACIÓN

Calentar los calabacines rellenos en el horno, rociados con un chorrito de aceite de oliva y vino blanco, durante unos 15 minutos, hasta que adquieran temperatura. Una vez fuera del horno y antes de servirlos, se pueden coronar con una ensalada de cebolleta fresca y puerro, cortados en tiras muy finas y aliñados con aceite de oliva virgen, zumo de limón y sal.

CALABACINES RELLENOS DE CARNE

Un plato sustancioso y suculento

INGREDIENTES

5 calabacines de ración
3 dientes de ajo picados
500 g de carne cruda picada
   (ternera, vaca y cerdo)
4 cucharadas de aceite de oliva
4 cucharadas grandes de salsa de tomate
sal
un chorrito de aceite de oliva
un chorrito de vino blanco

TRUCO

Si queremos enriquecer los calabacines, podemos, antes de introducirlos en el horno, cubrirlos con bechamel recién hecha y queso rallado o solamente con queso rallado, para que queden gratinados y dorados. Así gustarán más a los peques.

ELABORACIÓN

Limpiar los calabacines y secarlos. Abrirles una tapa en la parte superior del tallo.

Con ayuda de una cucharita pequeña vaciarlos con cuidado, dejándoles 1 cm de carne adherida a la piel.

Picar la pulpa de calabacín retirada. En una sartén grande con 1 cucharada de aceite, dorar ligeramente los calabacines sazonados, por todos sus lados. Reservarlos en una fuente de horno. En la misma sartén, añadir el aceite restante y agregar la pulpa de calabacín y el ajo, salteándolo todo a fuego medio unos 10 minutos, hasta que quede bien cocinado.

Añadir la carne, una pizca de sal y mezclar. Cocinar a fuego vivo una media hora, removiendo con una cuchara para que la carne quede suelta y hasta que el jugo que suelta se evapore y quede bien hecha. Añadir la salsa de tomate y rectificar de sal. Rellenar los huecos de los calabacines salteados, dejando que sobresalga el relleno.

ACABADO Y PRESENTACIÓN

Meter la ensalada un rato en la nevera para
consumirla muy fresca.

REMOLACHA CON SALSA DE YOGUR

Una ensalada para el invierno

INGREDIENTES

1 kg de remolacha cocida
1 yogur natural
4 cucharadas de nata líquida
el zumo de 1 limón
1 diente de ajo picado
8 cucharadas de aceite de oliva virgen
una puntita de mostaza de grano
sal y pimienta

TRUCO

Las hierbas aromáticas pueden darle un toque muy distinto: prueba con estragón, perifollo, eneldo o incluso con una pizca de hierbabuena y verás qué misteriosa queda. Y no dudes en cocer y consumir remolacha fresca en vez de la precocida: es mucho más sana y rica.

ELABORACIÓN

Se puede cocer la remolacha si la compramos cruda o adquirirla ya hervida y envasada al vacío. De cualquiera de las dos maneras, el primer paso es pelarla para retirar la fina capa que la recubre y quitarle también los nudos duros de donde parten los penachos de hojas y la raíz.

Seguidamente, cortarla en rodajas bien gruesas y, a su vez, trocear estas en dados gordos.

Mezclar en un recipiente el yogur bien frío y, sin dejar de batir con unas varillas, añadir la nata, el zumo de limón, el ajo, la mostaza y el aceite de oliva en fino cordón.

Rociar los dados de remolacha con esta salsa y mezclar concienzudamente.

ACABADO Y PRESENTACIÓN

Esta receta es verdaderamente sencilla y fácil
de hacer, su realización no tiene ningún secreto.
A pesar de su simplicidad, a muchos les resultará
una novedad. No puedo resistirme a recomendarla
con entusiasmo. La ensalada puede sorprender
a primera vista, pero es una fórmula tradicional
que se viene elaborando desde tiempo inmemorial
en el sur de la Península, allá donde crecen el
naranjo y el olivo.

ENSALADA DE **NARANJAS**, CEBOLLETA Y ACEITE DE OLIVA VIRGEN

Una ensalada fresca y nutritiva

INGREDIENTES

5 naranjas bien jugosas
1 cebolleta fresca tierna
aceite de oliva virgen extra
sal

TRUCO

Si añadimos unas hojas de albahaca fresca o menta a esta ensalada el resultado es aún más embriagador y refrescante.

ELABORACIÓN

Cortar los extremos de las naranjas para apoyarlas sobre la tabla de cortar; pelarlas con ayuda de un cuchillo bien afilado, teniendo la precaución de ajustar el filo del cuchillo bien pegado a la pulpa de la naranja, para evitar la piel blanca de la corteza.

Una vez bien peladas, cortarlas en rodajas muy finas. Meter las rodajas en un bol, o mejor, extenderlas sobre una bandeja amplia, para que queden bien cómodas.

Pelar la cebolleta fresca y cortarla en tiras lo más finamente posible. En un colador, poner la cebolleta en tiras y pasarla por agua para eliminar el gusto a crudo.

Escurrir las tiras de cebolleta, secarlas perfectamente con ayuda de un trapo y añadirlas a la ensalada. Salar y regar la ensalada con aceite de oliva virgen extra.

ACABADO Y PRESENTACIÓN

Se pueden comer fríos con la salsa también fría
o calentarlos en el horno unos minutos y servirlos
con la salsa caliente. Aliñar unas hojas de perejil
y las chalotas en tiras, salpimentar y colocar sobre
los pimientos.

PIQUILLOS RELLENOS DE BRANDADA

INGREDIENTES

30 pimientos del piquillo
    para rellenar
500 g de bacalao desalado
    (2 lomos gruesos)
700 g de patatas medianas
    peladas
1 ramillete de perejil fresco
5 dientes de ajo picados
un chorrito de aceite de oliva
1 cucharada de tomate
    concentrado

1 cucharada de mayonesa
un chorrito de vinagre de sidra
una pizca de tabasco
una pizca de pimentón de
    la Vera picante
un puñado de hojas de perejil
1 chalota en tiras muy finas
sal y pimienta

TRUCO

A la hora de desalar el
bacalao es conveniente
colocar las tajadas dentro del
agua con la piel hacia arriba,
porque de lo contrario, la piel
actúa como una coraza que
dificulta la salida de la sal y
esta tiende a concentrarse
en esa zona.

ELABORACIÓN

Trocear las patatas,
cubrirlas con agua
con una pizca de sal
y cocer 25 minutos a
fuego suave. Meter
los lomos de bacalao
en el microondas,
5 minutos a máxima
potencia. Para
la salsa triturar
10 pimientos del
piquillo con el
tomate concentrado,
la mayonesa, el
pimentón, el vinagre,
el tabasco, aceite de
oliva y sal.

En una olla poner
aceite con los ajos
y el ramillete de
perejil. Rehogar sin
que cojan color y
añadir el bacalao
desmigado con las
manos y las pieles.
Agregar la pimienta.

Picar las hojas
de perejil. Con
un machacador,
triturar las patatas y
añadirlas al bacalao.
Fuera del fuego,
rectificar la sazón,
espolvorear con
perejil picado y aceite
de oliva crudo.

Rellenar con esta
brandada los
20 pimientos del
piquillo, con la ayuda
de una manga.

ACABADO Y PRESENTACIÓN

Colocar en un bol las mollejas templadas y, sobre
ellas, la verdura de ensalada. Servir a cada uno
en su plato, colocando primero las mollejas y
agregando el verde al final.

MOLLEJAS DE PATO CONFITADAS EN ENSALADA

Una receta típica de la cocina de las Landas francesas

INGREDIENTES

500 g de mollejas de pato confitadas en grasa
1 cebolla pequeña
perejil picado
4 puñados de escarola o lechuga o verdura
   de ensalada, limpia y escurrida
2 cucharadas de aceite de oliva virgen
2 cucharadas de vinagre de sidra o de Jerez
sal y pimienta recién molida

TRUCO

Conviene no mezclar las mollejas con la verdura aliñada, para que el calor de las primeras no marchite las hojas de la ensalada. Podemos acompañar esta ensalada con una buena loncha de foie gras en conserva.

ELABORACIÓN

Escurrir al máximo las mollejas confitadas de la grasa de su conserva, y partirlas en láminas. Cortar en finas tiras la cebolla con ayuda de un cuchillo bien afilado.

Colocar 1 cucharada de grasa de pato en una sartén amplia con la cebolla cortada y ponerla a fuego vivo. Sazonar ligeramente y dejar que se cocine hasta que esté dorada y tierna, y se caramelice. Incorporar las mollejas partidas y dejar que cojan calor a fuego más suave.

Retirar el exceso de grasa que quede en la sartén. Añadir 1 cucharada de vinagre de sidra o de Jerez y dejar que se reduzca de forma que quede solo el aroma. Espolvorear con abundante perejil picado. Rectificar el punto de sal y pimienta.

Aliñar la verdura de ensalada, sean las escarolas o las lechugas, con el aceite de oliva virgen, la cucharada restante de vinagre, sal y pimienta.

ACABADO Y PRESENTACIÓN

Esta col es una guarnición fácil y rápida de
cocinar para acompañar carne o pescado salteado
o asado, o incluso para acompañar un plato de
caza guisada con salsas de mucha personalidad.

COL SHANGÁI

Una forma distinta de comer col, sin cocerla en agua y con el regusto del pimentón

INGREDIENTES
(para 6 personas)

4 cucharadas de aceite de oliva virgen
1 col pequeña cortada en tiras finas
2 zanahorias
2 puñados de pasas de Málaga sin rabito,
   remojadas en agua, si estuvieran secas,
   y escurridas
una punta de cucharadita de pimentón
   de la Vera
1 diente de ajo picado
sal

TRUCO

Antes de añadir a la cazuela la col y la zanahoria podemos rehogar una cebolleta pequeña picada, para que el dulzor de la misma enriquezca aún más el salteado. Esta receta está inspirada en una fórmula parecida de col salteada que cocina formidablemente mi querida amiga Marilén. A ella debo haber probado por primera vez la col salteada en crudo, sin cocer.

ELABORACIÓN

Pelar las zanahorias y partirlas en dos a lo largo. Partirlas a su vez en láminas transversales, muy finas.

Poner el aceite en una sartén amplia o una cazuela antiadherente, y una vez caliente, sin que humee, añadir la col en finas tiras, previamente lavada y bien seca. Es importante que a las hojas de col, antes de trocearlas, se les retire el duro y grueso nervio central que las atraviesa.

Añadir a la vez las láminas de zanahoria. Dar vueltas con ayuda de una cuchara, de forma que la col y la zanahoria se cocinen y salteen. Una vez salteadas durante unos 5 minutos, tapar la cazuela otros 5 minutos más para que queden bien hechas, pero ligeramente crujientes.

Destapar y añadir las pasas de Málaga, una pizca de sal, el pimentón y el diente de ajo picado. Dejar que se cocine el conjunto otros 5 minutos más, dando unas vueltas más antes de servir.

ACABADO Y PRESENTACIÓN

Agregar la vinagreta caliente, el perejil picado
grueso y unos tacos de foie gras recién cortados.
Mezclar todo bien, rectificar de sal y servir.

ENSALADA DE VAINAS CON **CEBOLLETA**

Refrescante y sabrosa

INGREDIENTES

1 kg de vainas o judías
2 cebolletas
un puñado de perejil
1 yema de huevo
150 ml de vinagre de Jerez
1 cucharada de yogur natural
12 pepinillos en vinagre
flor de sal
pimienta recién molida

Además
unos tacos pequeños
   de foie gras
1 manzana tipo Granny Smith
almendras

TRUCO

Al comprar las vainas, vigilar
que sean brillantes y de un
verde vivo, que estén tersas
y que al romperse crujan
(si se doblan fácilmente es
una mala señal) y, a poder
ser, que las semillas se
noten poco.

ELABORACIÓN

Limpiar las vainas y
cocerlas 10 minutos
en agua con sal, con
unos 30 g de sal por
litro de agua.
Transcurrido ese
tiempo, escurrir
y colocar en una
ensaladera, sin
refrescar.

Por otro lado, picar
las cebolletas y
colocarlas al fuego
en una cazuela junto
con el vinagre de
Jerez.

Reducir a la mitad
y, fuera del fuego,
cuando esté tibio,
mezclar bien con la
yema de huevo y el
yogur. Revolver hasta
que se integre todo
bien, salpimentar
y volver a llevar al
fuego sin que llegue
a hervir.

Mezclar los pepinillos
con las vainas. Cortar
unos bastones de
manzana con piel y
añadirlos a las vainas
y pepinillos junto con
las almendras.

ACABADO Y PRESENTACIÓN

Añadir las almendras, el chorrito de vino y el
perejil picado. Comprobar el punto de sazón
del guiso.

CARDO CON ALMENDRAS

Una de las verduras más sabrosas de la huerta, pura mantequilla

INGREDIENTES

1 cardo crudo
2 dientes de ajo picados
2 cucharadas de aceite de oliva
un puñado pequeño de almendras laminadas
    tostadas
1 cucharadita rasa de harina
1 vaso grande del caldo de cocción del cardo
un chorrito de vino blanco
perejil picado
agua
sal

TRUCO

Es importante que antes de empezar a limpiar el cardo, tengamos al fuego la olla en la que lo coceremos con el agua hirviendo. Así, a partir de la limpieza del primer pedazo, iremos añadiendo la verdura al agua sin correr el riesgo de que se oxide y haya que usar zumo de limón o harina para impedirlo.

ELABORACIÓN

Limpiar bien el cardo. Cortar las puntas a unos dos palmos de la base, desecharlas. Cortar las ramas desde la base con un cuchillo y retirarles los hilos y las esquinas; partirlas en pedazos de unos 5 cm. Si resultan anchos, partirlos en dos a lo largo. Poner una olla rápida destapada al fuego con agua salada. Cuando rompa a hervir, echar el cardo a medida que se va cortando.

Cerrar la olla y en el momento en que la válvula empiece a girar, poner el fuego al mínimo. Contar 35 o 40 minutos con la válvula girando. Transcurrido este tiempo, apagar el fuego, retirar la válvula y dejar enfriar el cardo en la olla sin abrirla. Colocar una cazuela baja al fuego, con los dientes de ajo picados.

Seguidamente, añadir el aceite de oliva. Cuando baile el ajo, incorporar el cardo cocido y escurrido. Rehogar el cardo junto con el ajo unos 30 segundos.

Añadir la harina y el vaso de caldo de cocción del cardo, o la suficiente cantidad para que se vaya formando una salsa ligada y ligera. Dejarla hervir unos minutos para que la harina pierda el gusto a crudo.

ACABADO Y PRESENTACIÓN

Rociar la salsa de mantequilla caliente sobre las
rodajas de patata cocida, embadurnándolas bien.
Colocarlas bien ordenadas en el centro de un
plato o una fuente, y sobre ellas, las lonchas de
salmón ahumado, cubriéndolas completamente.
Rociar con un fino cordón de aceite de oliva virgen
y, si no se han empleado todas, con una pizca de
las hierbas picadas. Acompañar con pan tostado.

ENSALADA DE **PATATAS** Y SALMÓN AHUMADO

Una ensalada con aires nórdicos, sabrosa y fácil de hacer

INGREDIENTES

8 patatas medianas
1 cabeza de ajos
un trozo de puerro
3 granos de pimienta negra
8 lonchas hermosas de salmón ahumado
5 cucharadas de agua
150 g de mantequilla
un puñado de cebollino picado y perejil cortado
    en tiras
el zumo de ½ limón
sal y pimienta
un chorrito de aceite de oliva virgen extra

TRUCO

Una astucia genial para pelar las patatas recién cocidas es colocarlas escurridas sobre la mesa de la cocina, agrupadas y cubiertas con un bol puesto del revés, como si fuera una campana. Si las dejamos ahí unos 15 minutos antes de pelarlas, el resultado será increíble. A la mezcla de hierbas le vienen muy bien unas ramitas de eneldo fresco, de sabor anisado.

ELABORACIÓN

En una cazuela amplia con abundante agua salada, introducir la cabeza de ajos, el puerro y la pimienta en grano, además de las patatas con piel lavadas, que deberán quedar cubiertas de agua. Poner a fuego suave y cocer de 15 a 20 minutos, con cuidado de que no revienten las patatas.

Escurrir las patatas y volver a meterlas en la cazuela (fuera del fuego y sin agua) para que se templen. Cuando se puedan manejar con las manos, se pelarán fácilmente, la pulpa quedará compacta y las rodajas no se romperán. Cortarlas en rodajas de 1 cm.

Hervir en un cazo las cucharadas de agua y añadir, batiendo sin cesar con unas varillas metálicas, la mantequilla fría en dados, hasta que la salsa espese y se obtenga una mantequilla montada cremosa. Es importante que el hervor sea continuo y agregar la mantequilla lentamente.

Fuera del fuego, añadir a la mantequilla montada el zumo de limón y las hierbas. Salpimentar.

ACABADO Y PRESENTACIÓN

En una bandeja o recipiente de cristal colocar los
espárragos cocidos, los huevos de codorniz y por
encima agregar la carne de los berberechos.
Cubrirlo todo con la vinagreta previamente
entibiada y acompañar con los tomates cherry.
Añadir perifollo y cebollino picado. Es muy
importante que el huevo quede con la yema muy
poco cuajada, casi líquida.

ENSALADA DE HUEVOS DE **CODORNIZ** Y **BERBERECHOS**

Alianza triunfadora

INGREDIENTES

1 kg de berberechos
un puñado de sal gorda
1 cucharada de vinagre de sidra
16 huevos de codorniz
1 vaso de txakoli
12 tomates cherry
3 cucharadas de aceite de oliva
12 espárragos trigueros cocidos
perifollo
sal y pimienta
cebollino picado

TRUCO

Para pelar más fácilmente los huevos de cordorniz, una vez cocidos se deben enfriar rápidamente en agua fría o helada para afirmar la clara y que la cáscara se desprenda con suma rapidez.

ELABORACIÓN

Purgar los berberechos en abundante agua con sal gorda durante 1 hora aproximadamente. Pasado este tiempo, enjuagarlos frotándolos unos con otros y sacarlos del agua.

Hervir agua con sal en una cazuela pequeña. Colocar con cuidado los huevos de codorniz fríos de la nevera en la cazuela y cocerlos solo 2 minutos. Refrescar seguidamente en agua con hielo y reservar.

En otra cazuela más grande añadir el txakoli, llevarlo a ebullición y agregar los berberechos; cocerlos a fuego fuerte tapados hasta que se abran. Cuando estén abiertos, retirarlos a un plato, dejar enfriar y separar la carne de las cáscaras. Filtrar el jugo de cocción.

Pelar los huevos con cuidado y cortar por la mitad, o dejar la mitad enteros y la otra mitad cortados. Agregar el jugo de cocción de los berberechos a una sartén honda y reducir hasta que tenga consistencia de salsa. Fuera del fuego, añadir el vinagre de sidra y el aceite, y dejar enfriar.

ACABADO Y PRESENTACIÓN

Sazonar y añadir una buena cantidad de pimienta
recién molida. Servir en platos individuales,
acompañado de las patatas fritas.

BISTEC TÁRTARO SABINO DE CARNE DE **VACA**

Una preparación muy sabrosa si se hace al momento y con delicadeza

INGREDIENTES

1 kg de patatas
aceite de oliva
500 g de carne picada de vaca
2 cucharadas de mostaza a la antigua
   o tipo Dijon
un buen chorro de salsa Worcestershire
1 cebolleta picada
un puñado de alcaparras picadas
un puñado de pepinillos en vinagre picados
2 yemas de huevo
1 cucharada de mayonesa
1 cucharadita de salsa kétchup
4 cucharadas de aceite de oliva
sal y pimienta

TRUCO

Si añadimos unos dientes de ajo sin pelar desde el principio al aceite de freír las patatas, estas cogerán un gusto especialmente sabroso. Es imprescindible que no tardemos mucho desde que nos piquen o piquemos la carne hasta que la aliñemos, para que el plato esté en su punto de sazón.

ELABORACIÓN

Pelar las patatas y cortarlas en rodajas o en gajos gruesos, como más nos gusten. Lavarlas en abundante agua para eliminar el almidón. Secarlas. Colocar una sartén grande con tres dedos de aceite de oliva a fuego suave.

Introducir las patatas en el aceite frío y dejar que se vayan cociendo muy despacio. Pasados 15 minutos, subir el fuego gradualmente hasta que comencemos a notar la fritura. Tras unos minutos, voltearlas con una espumadera. Escurrirlas, sazonarlas y reservarlas.

Pedir al carnicero que nos pique una carne de muy buena calidad, a poder ser veteada con ligeros trazos de grasa. En origen, la carne elegida para este plato solía ser la de caballo y el picado se hacía a cuchillo, que, según los entendidos, hace que quede más sabrosa.

La carne debe estar recién picada y fría. Meterla en un bol y añadir el resto de los ingredientes con 4 cucharadas de aceite de oliva virgen, mezclándolos cuidadosamente con ayuda de una cuchara.

ACABADO Y PRESENTACIÓN

Hay un gesto que nos indicará si el pescado
está o no hecho: apretar con el dedo el lomo de
pescado. Si opone resistencia, aún está crudo.
Por el contrario, si sus lascas se separan, está
en su punto. Escurrir el salmón con cuidado
sobre papel absorbente. Acompañarlo con las
patatas soasadas y la salsa, y guarnecerlo con
los puñados de ensalada previamente aliñados
en un bol.

SALMÓN CONFITADO

Un método de cocción sorprendente

INGREDIENTES

500 g de patatas pequeñas
200 g de mantequilla
6 cucharadas de agua o caldo de pescado
el zumo de ½ limón
4 lomos de salmón fresco de 180 g cada uno
350 g de grasa de pato
1 ramita de salvia
4 dientes de ajo
4 puñados de hojas de ensalada
sal y pimienta

TRUCO

La grasa en la que se confita el salmón nos
sirve para guisar o para confitar otros pescados:
bacalao fresco o desalado, congrio, etcétera.
Si las patatas son nuevas, mejor. Se pueden
cocinar con su piel, pues es imperceptible.

ELABORACIÓN

Cubrir las patatas de
agua en una cazuela
y poner a fuego
suave hasta que
hierva. Sazonarlas
generosamente y
cocerlas despacio
unos 10 minutos.
Escurrirlas. En una
sartén, añadir 50 g
de mantequilla
y dejar que espume
ligeramente. Agregar
las patatas.

Soasar las patatas un
buen rato, para que
vayan cogiendo gusto
y un tono tostado.
Salpimentarlas.
En un cazo, hervir
el agua o el caldo
e ir añadiendo,
lentamente y
batiendo sin cesar, la
mantequilla restante
fría en dados, hasta
que la salsa espese
y se obtenga una
mantequilla montada
cremosa.

Fuera del fuego,
añadir a la
mantequilla montada
el zumo de limón y
salpimentar. Derretir
la grasa de pato en
una cazuela, añadir
los dientes de ajo
enteros con su piel
y la ramita de salvia.
Cuando los ajos
comienzan a bailar en
su interior, la grasa
está a la temperatura
idónea, unos 80 ºC.
Quitar la piel y las
espinas y sazonar
los lomos de salmón.

Poner el fuego al
mínimo y cuando
podamos meter el
dedo en la grasa sin
quemarnos, deslizar
en ella los lomos de
salmón. El salmón
debe confitarse en
la grasa de pato a
temperatura muy
baja unos 8 minutos.

ACABADO Y PRESENTACIÓN

Aliñar la rúcula con el aceite de oliva, el vinagre
y el jugo de carne, y disponerla en la base de
un plato. Cortar los rulos por la mitad al bies,
colocarlos sobre la ensalada de rúcula recién
aliñada y servir.

ENSALADA DE RULOS DE **JAMÓN**

Práctica y fácil de resolver

INGREDIENTES

8 lonchas de jamón cocido
450 g de carne tierna
  de ternera en tiras
30 g de mantequilla
100 g de hojas de lechuga
240 g de mayonesa
70 g de mostaza
20 g de queso idiazabal
  rallado (de 6 meses)
aceite de oliva
sal y pimienta

Además
un puñado de rúcula tierna
1 cucharada de vinagre
  de Jerez
3 cucharadas de aceite
  de oliva virgen extra
2 cucharadas del jugo
  de cocción de la carne

TRUCO

A la hora de saltear la carne, elegir una sartén adecuada, lo bastante grande para contener la carne sin que se amontone, pero no tan grande como para que queden superficies vacías, ya que se quemaría el aceite y los jugos se perderían.

ELABORACIÓN

Cortar la carne tierna de ternera en trozos de aproximadamente 1 x 6 cm de largo.

Calentar una sartén. Cuando esté bien caliente, con unas gotas de aceite y mantequilla saltear las tiras de carne unos segundos y luego salpimentarlas. Enfriar y reservar.

A continuación, limpiar las hojas de lechuga y cortarlas en juliana. Mezclar la mayonesa y la mostaza y juntar esta mezcla con la carne, la lechuga y el idiazabal rallado. Poner a punto de sal y pimienta, y reservar en la nevera.

Colocar la preparación anterior encima de las lonchas de jamón y enrollar formando cilindros similares.

ACABADO Y PRESENTACIÓN

Una vez peladas las patatas, cortarlas en rodajas bien gruesas y añadirlas al bol, junto con los calabacines. Incorporar también la cebolleta picada y el ajo. Rociar el aceite de oliva virgen extra, añadir el pulpo y sazonar. Dar vueltas y servir.

ENSALADA DE **PULPO**

La carnosidad del pulpo es tentadora

INGREDIENTES

1 pulpo crudo de 1½ kg
agua y sal gorda
4 patatas medianas
1 calabacín
una pizca de cebolleta picada
1 diente de ajo picado
aceite de oliva virgen extra
sal

TRUCO

Hay dos formalismos antes de cocer un pulpo para que quede tierno. O que el que lo haya pescado le pegue una soberana tunda contra una roca antes de cocerlo, o congelarlo y cocerlo una vez descongelado y proceder de la manera descrita más abajo. Las patatas quedan estupendas si las cocemos en el agua en la que hirvió el pulpo. El caldo les aporta un gusto francamente bueno.

ELABORACIÓN

En una olla grande con agua salada hirviendo, meter el pulpo agarrado de la cabeza tres o cuatro veces, sumergiendo bien los tentáculos pero la cabeza no del todo, y retirarlo. A la cuarta, soltarlo dentro y cocer a fuego vivo entre 20 y 25 minutos, hasta que se pinche fácilmente con un tenedor. Retirarlo del fuego y dejarlo reposar en el agua 5 minutos. Escurrirlo y, una vez templado, cortarlo.

Mientras cuece el pulpo, hervir las patatas en agua ligeramente salada, a borbotones suaves, para que no se rompan. Cuando las patatas estén cocidas, colar el agua y dejarlas templar para poder manipularlas y pelarlas con facilidad.

Cortar el calabacín en finas tiras con ayuda de un cuchillo bien afilado.

Saltear las tiras de calabacín en aceite de oliva durante 3 minutos, en una sartén antiadherente, añadiendo una pizca de sal. Escurrirlas en un bol.

ACABADO Y PRESENTACIÓN

Disponer las remolachas sobre un plato llano.
Pelar las gambas tratando de dejar las colas
enteras y colocarlas sobre las remolachas con
cuidado. Rociar con la vinagreta de cítricos.

ENSALADA DE **REMOLACHA** Y GAMBAS

Te sacará los colores

INGREDIENTES

4 remolachas crudas de tamaño hermoso
16 gambas de buen tamaño
el zumo de 1 naranja
el zumo de 1 limón
3 cucharadas de aceite de oliva
sal y pimienta

TRUCO

El motivo de cocinar la remolacha envuelta en papel de aluminio es para que nos quede con más color y un sabor más dulce. Si además se le agrega en el último momento de cocción la ralladura de la piel de la naranja, potenciaremos la mezcla de sabores.

ELABORACIÓN

Asar las remolachas, envueltas en papel de aluminio, en el horno a temperatura media hasta que estén tiernas, unos 45 minutos. En caliente, y con la ayuda de papel de cocina, pelarlas, intentando no quemarnos las manos. Cortar las remolachas de diferentes formas: en bastones, cubos, láminas... Dejar enfriar en la nevera.

En un cazo, poner agua a hervir con unos 20 g de sal por litro. Cuando empiecen los primeros borbotones, introducir las gambas y cocerlas durante unos 2 minutos.

Sacar rápidamente y enfriar en un recipiente con agua y hielo. Dejar secar y pelarlas en el momento de servir para que la carne no se reseque.

En un cazo poner el zumo de limón y el de naranja a fuego bajo hasta que se reduzca a la mitad. Colar y mezclar en un bol con el aceite de oliva, la sal y la pimienta.

ACABADO Y PRESENTACIÓN

Si se sirve templada, la compota es francamente
insuperable, el frío esconde siempre mucho más
los sabores. Se puede acompañar con una buena
bola de helado o con una crema chantillí. Las
frutas se pueden cambiar por otras de temporada.
Los orejones se pueden sustituir por melocotón
fresco pelado y troceado; las ciruelas pasas
por frescas, también deshuesadas, y los higos
secos por higos frescos, que se añaden bien limpios
y partidos en dos justo al final de la cocción, para
que se vuelvan melosos y compotados.

COMPOTA DE INVIERNO

*Un delicioso postre de fruta para entonar el cuerpo
gracias al vino y a la cocción pausada*

INGREDIENTES

1 litro de agua
500 ml de vino tinto
175 g de azúcar
1 rama de canela
125 g de orejones de melocotón
250 g de ciruelas pasas
125 g de higos secos
125 g de uvas pasas
250 g de manzanas reinetas
250 g de peras de invierno

TRUCO

Además de las frutas citadas, podemos
incorporar todas aquellas que sean de
nuestro agrado y estén a buen precio: caquis,
plátanos, uvas, naranjas, etcétera. Conviene
no olvidar que los productos de temporada
son más sabrosos y baratos.

ELABORACIÓN

Hervir el agua con
el vino, el azúcar
y la canela. Así se
consigue que el
alcohol se evapore y
la canela aromatice
el conjunto. Pasados
unos 5 minutos,
añadir los orejones
y cocerlos una media
hora, hasta que
estén blandos.
Es importante que
la cocción sea suave
y constante.

Agregar las ciruelas,
los higos (a los
que previamente
habremos retirado
el pequeño tallo
duro de su extremo)
y las uvas pasas
(que tendremos
la precaución de
comprar sin rabito,
un verdadero engorro
si tenemos que
quitarlo), y mantener
el hervor durante
media hora.

Finalmente, añadir
las manzanas
reinetas y las peras,
peladas y troceadas
en gruesos pedazos,
volviendo a hervir el
conjunto por espacio
de 30 minutos
más, hasta que la
compota esté en su
punto. Ha de quedar
ligeramente jugosa y
empapada en líquido.

Si se quiere hacer
una compota baja
en calorías, basta
con eliminar el
azúcar y añadir al
final de la cocción,
fuera del fuego,
unas cucharadas de
edulcorante en polvo.

ÍNDICE DE INGREDIENTES

A

aceitunas negras
Empedrat, 121
Ensalada de judías verdes, 29
Lomopizza de anchoas, mozzarella
y aceitunas, 23
aceitunas verdes
Ensalada de crema de sardinas, 43
Tosta de verano, 85
acelgas: Acelgas a la vasca, 119
aguacate
Bonito con guacamole, 81
Ensalada de caquis, aguacates
y gambas, 109
Guacamole con anchoas, 149
Langostinos con guacamole, 63
Tartar de atún, 87
Tartar de langostinos, 47
albahaca fresca
Garrotín de tomate y vodka, 79
Sopa fría de higos, lima
y albahaca, 139
Tomates rellenos de carne, 129
Tomates rellenos de ventresca, 59
Tosta verde con peras y anchoas,
107
Vinagreta de hierbas, 11
Yogur con tomate y salmón
ahumado, 61
alcaparras: Ensalada aliñada de
jamón y patatas, 117
almendras tostadas: Cardo con
almendras, 171
alubias: Empedrat, 121
anchoa, filetes de
Ensalada aliñada de jamón
y patatas, 117
Guacamole con anchoas, 149
Lomopizza de anchoas, mozzarella
y aceitunas, 23
Tosta verde con peras y anchoas, 107
anchoas en salazón: Tosta de
verano, 85
apio: Ensalada de manzanas con
vinagreta de yogur, 123
arroz blanco: Arroz en ensalada, 39
atún al natural: Ensalada de crema
de sardinas, 43
atún fresco
Tartar de atún, 87
Tartar de ostras, atún y salmón, 67
atún, ventresca de: Ensalada de
ventresca de atún, 73
avellanas tostadas: Vinagreta de
frutos secos, 11

B

bacalao, lomo de
Empedrat, 121
Ensalada de tomate con bacalao, 69

bacalao desalado: Piquillos rellenos
de brandada, 163
beicon ahumado
Ensalada con pan frito y beicon, 25
Tomates rellenos de carne, 129
berberechos: Ensalada de huevos
de codorniz y berberechos, 175
berros
Lomopizza de anchoas, mozzarella
y aceitunas, 23
Tomates rellenos de ventresca, 59
bogavante: Ensalada de bogavante,
113
bonito
Bonito con guacamole, 81
Ceviche de chipirón y bonito, 95
Ensalada aliñada de jamón
y patatas, 117
Ensalada de bonito cocido, 93
Ensaladilla rusa, 19
Pimientos del piquillo rellenos
de ensalada de bonito, 77
Tartar de atún, 87
bonito, ventresca de: Tomates
rellenos de ventresca, 59

C

calabacín
Calabacines rellenos de carne, 157
Cogollos de lechuga braseados, 155
Ensalada de pulpo, 183
Tabulé de verduras y menta, 27
calamar: Ceviche de chipirón y
bonito, 95
caquis: Ensalada de caquis,
aguacates y gambas, 109
cardo crudo: Cardo con almendras, 171
carne cruda picada
Bistec tártaro sabino de carne
de vaca, 177
Calabacines rellenos de carne, 157
cebolla
Gazpacho de cereza, 91
Guacamole con anchoas, 149
Mollejas de pato confitadas
en ensalada, 165
Zamburiñas salteadas, 131
cebolleta
Arroz en ensalada, 39
Bonito con guacamole, 81
Cogollos de lechuga braseados, 155
Cordero asado con ensalada, 37
Empedrat, 121
Endibias en ensalada, 151
Ensalada de bonito cocido, 93
Ensalada de crema de sardinas, 43
Ensalada de naranjas, cebolleta
y aceite de oliva virgen, 161
Ensalada de tomate con bacalao, 69
Ensaladilla rusa, 19

Espárragos salteados con habas
y huevo escalfado, 31
Langostinos con guacamole, 63
Mejillones en escabeche, 127
Pimientos del piquillo rellenos
de ensalada de bonito, 77
Piperrada con tomate y queso
de cabra, 75
Tartar de atún, 87
Tartar de langostinos, 47
Tomates rellenos de carne, 129
Tosta de habas crudas en ensalada
con queso, 21
cebollino
Ensalada de crema de sardinas, 43
Ensalada de ventresca de atún, 73
Tartar de langostinos, 47
Tartar de ostras, atún y salmón, 67
Tomates rellenos de carne, 129
centollo: Ensalada de centollo
desmigado, 133
cerdo, codillo de: Ensalada de
lentejas, 105
cerezas
Cerezas salteadas con helado, 55
Fruta con jalea de vino tinto, 97
Gazpacho de cereza, 91
Lomopizza de anchoas, mozzarella
y aceitunas, 23
chalota
Ensalada de caquis, aguacates
y gambas, 109
Ensalada de huevos de codorniz
y berberechos, 175
Piquillos rellenos de brandada, 163
Tartar de ostras, atún y salmón, 67
cigalas: Ensalada de cigalas, judías
verdes y tomate, 15
cilantro fresco
Ensalada de caquis, aguacates
y gambas, 109
Guacamole con anchoas, 149
Langostinos con guacamole, 63
ciruelas maduras: Fruta con jalea
de vino tinto, 97
ciruelas pasas: Compota de invierno,
187
cogollo tierno: Tosta de habas
crudas en ensalada con queso, 21
cogollos de Tudela: Cogollos de
lechuga braseados, 155
col: Col Shangái, 167
cordero, costillar y paletilla de:
Cordero asado con ensalada, 37
cuscús, sémola de: Tabulé de
verduras y menta, 27

E

endibias: Endibias en ensalada,
151

escarola
    Bonito con guacamole, 81
    Ensalada de bogavante, 113
    Ensalada fácil de pato, 147
    Mollejas de pato confitadas
        en ensalada, 165
espárragos blancos: Espárragos
    salteados con habas y huevo
    escalfado, 31
espárragos trigueros: Ensalada de
    huevos de codorniz y berberechos,
    175
espinaca, brotes de
    Ensalada de crema de sardinas, 43
    Ensalada de txangurro, 125
    Tosta de verano, 85
    Tosta verde con peras y anchoas, 107
estragón fresco: Vinagreta de
    hierbas, 11

F
foie gras: Ensalada de vainas con
    cebolleta, 169
frambuesas
    Frambuesas con balsámico, 99
    Fruta con jalea de vino tinto, 97
    Gazpacho de fresa y tomate, 33
    Sopa fría de higos, lima
        y albahaca, 139
fresas
    Bebida gaseosa de fresas, 49
    Fresas con granizado de naranja,
        53
    Gazpacho de fresa y tomate, 33
    Sopa fría de higos, lima
        y albahaca, 139
fresones: Ensalada de frutas
    frescas, 135

G
gambas
    Ensalada de caquis, aguacates
        y gambas, 109
    Ensalada de remolacha y gambas,
        185
garbanzos: Ensalada de garbanzos,
    153
gaseosa muy fría: Bebida gaseosa
    de fresas, 49
grosellas: Fruta con jalea de vino
    tinto, 97
guindilla
    Ensalada de crema de sardinas, 43
    Guacamole con anchoas, 149
guisantes: Guisantes crudos en
    ensalada con queso de cabra, 35

H
habas frescas: Tosta de habas
    crudas en ensalada con queso, 21
habas tiernas: Espárragos salteados
    con habas y huevo escalfado, 31
helado cremoso: Cerezas salteadas
    con helado, 55
higos maduros: Sopa fría de higos,
    lima y albahaca, 139
higos secos: Compota de invierno, 187

hongos crudos: Hongos crudos en
    ensalada con parmesano, 111
huevo
    Ensalada de garbanzos, 153
    Ensalada de txangurro, 125
    Ensaladilla «alicantina», 65
    Ensaladilla rusa, 19
    Espárragos salteados con habas
        y huevo escalfado, 31
huevo, yema de
    Bistec tártaro sabino de carne
        de vaca, 177
    Ensalada aliñada de jamón
        y patatas, 117
    Ensalada de vainas con cebolleta,
        169
    Tartar de atún, 87
    Tomates rellenos de ventresca, 59
huevo de codorniz
    Ensalada de crema de sardinas, 43
    Ensalada de huevos de codorniz
        y berberechos, 175
huevo duro: Tomates rellenos de
    ventresca, 59

J
jabalí, cabeza de: Ensalada de
    garbanzos, 153
jamón cocido
    Ensalada aliñada de jamón
        y patatas, 117
    Ensalada de rulos de jamón, 181
jamón de pato
    Gazpacho de fresa y tomate, 33
    Tosta de verano, 85
jamón ibérico
    Ensalada de judías verdes, 29
    Ensalada de puerros y jamón, 17
    Lomopizza de anchoas, mozzarella
        y aceitunas, 23
jengibre: Tartar de ostras, atún y
    salmón, 67
judías verdes
    Ensalada de cigalas, judías verdes
        y tomate, 15
    Ensalada de judías verdes, 29
    Ensalada de vainas con cebolleta,
        169

K
kétchup
    Bistec tártaro sabino de carne
        de vaca, 177
    Garrotín de tomate y vodka, 79
kirsch: Frambuesas con balsámico,
    99

L
langostinos
    Ensalada de langostinos, queso
        y nueces, 45
    Ensaladilla «alicantina», 65
    Langostinos con guacamole, 63
    Salpicón de langostinos, 41
    Tartar de langostinos, 47
lechuga
    Cordero asado con ensalada, 37

Ensalada con pan frito y beicon, 25
Ensalada de langostinos, queso
    y nueces, 45
Ensalada de rulos de jamón, 181
Ensalada de sardinas con
    pimientos, 83
Ensalada de ventresca de atún, 73
Guisantes crudos en ensalada
    con queso de cabra, 35
Mollejas de pato confitadas
    en ensalada, 165
Pechugas de pavo con cogollos
    y queso, 115
lentejas: Ensalada de lentejas, 105
lima
    Bonito con guacamole, 81
    Ensalada de tomate con bacalao, 69
    Ensalada de txangurro, 125
    Langostinos con guacamole, 63
    Tartar de ostras, atún y salmón, 67
    Tomates rellenos de ventresca, 59
lima, zumo de
    Ceviche de chipirón y bonito, 95
    Ensalada de txangurro, 125
    Sopa fría de higos, lima y
        albahaca, 139
limón
    Limonada, 51
    Tartar de langostinos, 47
limón, zumo de
    Bebida gaseosa de fresas, 49
    Cerezas salteadas con helado, 55
    Ceviche de chipirón y bonito, 95
    Ensalada de bogavante, 113
    Ensalada de caquis, aguacates
        y gambas, 109
    Ensalada de patatas y salmón
        ahumado, 173
    Ensalada de remolacha y gambas,
        185
    Ensalada fácil de pato, 147
    Fruta con jalea de vino tinto, 97
    Guisantes crudos en ensalada
        con queso de cabra, 35
    Pepino en ensalada con manzana
        y yogur, 71
    Remolacha con salsa de yogur,
        159
    Salmón confitado, 179
    Tabulé de verduras y menta, 27
    Tartar de atún, 87
    Tosta de habas crudas en ensalada
        con queso, 21
    Vinagreta de frutos secos, 11
    Vinagreta de hierbas, 11
lomo embuchado: Lomopizza de
    anchoas, mozzarella y aceitunas,
    23

M
mandarina: Ensalada de frutas
    frescas, 135
mantequilla
    Cerezas salteadas con helado, 55
    Frambuesas con balsámico, 99
    Peras salteadas con helado, 137

Salmón confitado, 179
manzana
    Compota de invierno, 187
    Ensalada de frutas secas, 135
    Ensalada de manzanas con
        vinagreta de yogur, 123
    Ensalada de vainas con cebolleta,
        169
    Manzanas asadas, 143
manzana verde: Pepino en ensalada
    con manzana y yogur, 71
mayonesa, salsa
    Bistec tártaro sabino de carne
        de vaca, 177
    Ensalada de centollo desmigado,
        133
    Ensalada de garbanzos, 153
    Ensalada de lentejas, 105
    Ensalada de rulos de jamón, 181
    Ensalada de txangurro, 125
    Ensaladilla «alicantina», 65
    Ensaladilla rusa, 19
    Salpicón de langostinos, 41
    Tomates rellenos de ventresca, 59
mejillones: Mejillones en escabeche,
    127
melón
    Ensalada de frutas frescas, 135
    Gazpacho de cereza, 91
    Sopa de melón y menta, 101
menta, hojas de
    Ceviche de chipirón y bonito, 95
    Frambuesas con balsámico, 99
    Sopa de melón y menta, 101
    Tabulé de verduras y menta, 27
moras: Fruta con jalea de vino tinto,
    97
mostaza
    Bistec tártaro sabino de carne
        de vaca, 177
    Endibias en ensalada, 151
    Ensalada de langostinos, queso
        y nueces, 45
    Salpicón de langostinos, 41
    Tartar de langostinos, 47
    Tartar de ostras, atún y salmón, 67
    Tosta de verano, 85
    Vinagreta de mostaza, 11

N
naranja
    Ensalada de frutas frescas, 135
    Ensalada de naranjas, cebolleta
        y aceite de oliva virgen, 161
naranja, zumo de
    Ceviche de chipirón y bonito, 95
    Ensalada de remolacha y gambas,
        185
    Fresas con granizado de naranja, 53
nata líquida
    Ensalada de langostinos, queso
        y nueces, 45
    Ensalada de txangurro, 125
    Peras al vino, 141
    Remolacha con salsa de yogur, 159
    Tartar de ostras, atún y salmón, 67

nueces
    Ensalada de langostinos, queso
        y nueces, 45
    Tosta de verano, 85

O
oporto tinto: Peras al vino, 141
orejones de melocotón: Compota de
    invierno, 187
ostras: Tartar de ostras, atún y
    salmón, 67

P
patatas
    Acelgas a la vasca, 119
    Bistec tártaro sabino de carne
        de vaca, 177
    Ensalada aliñada de jamón y
        patatas, 117
    Ensalada de patatas y salmón
        ahumado, 173
    Ensalada de pulpo, 183
    Ensaladilla «alicantina», 65
    Ensaladilla rusa, 19
    Piquillos rellenos de brandada, 163
    Salmón confitado, 179
pato, grasa de: Salmón confitado, 179
pato, mollejas de: Mollejas de pato
    confitadas en ensalada, 165
pato, muslos de: Ensalada fácil de
    pato, 147
pavo: Pechugas de pavo con cogollos
    y queso, 115
pepinillo
    Bistec tártaro sabino de carne
        de vaca, 177
    Ensalada de garbanzos, 153
    Ensalada de lentejas, 105
    Ensalada de vainas con cebolleta,
        169
pepino
    Ensalada de manzanas con
        vinagreta de yogur, 123
    Gazpacho de fresa y tomate, 33
    Pepino en ensalada con manzana
        y yogur, 71
    Tabulé de verduras y menta, 27
    Yogur con tomate y salmón
        ahumado, 61
pera
    Ensalada de frutas frescas, 135
    Peras al vino, 141
    Peras salteadas con helado, 137
    Tosta verde con peras y anchoas,
        107
peras de invierno: Compota de
    invierno, 187
pimentón de la Vera dulce:
    Mejillones en escabeche, 127
pimentón de la Vera picante
    Mejillones en escabeche, 127
    Piquillos rellenos de brandada, 163
    Zamburiñas salteadas, 131
pimiento del piquillo
    Ensalada de sardinas con
        pimientos, 83

Ensalada de ventresca de atún, 73
    Pimientos del piquillo rellenos
        de ensalada de bonito, 77
    Piquillos rellenos de brandada,
        163
    Tomates rellenos de carne, 129
pimiento rojo
    Arroz en ensalada, 39
    Gazpacho de fresa y tomate, 33
    Salpicón de langostinos, 41
    Tabulé de verduras y menta, 27
pimiento verde
    Arroz en ensalada, 39
    Ensaladilla rusa, 19
    Gazpacho de cereza, 91
    Gazpacho de fresa y tomate, 33
    Pimientos del piquillo rellenos
        de ensalada de bonito, 77
    Piperrada con tomate y queso
        de cabra, 75
    Salpicón de langostinos, 41
pimientos morrones rojos:
    Pimientos morrones asados
        en ensalada, 89
piña fresca: Ensalada de frutas
    frescas, 135
piñones tostados
    Ensalada de crema de sardinas, 43
    Vinagreta de frutos secos, 11
plátano maduro: Sopa fría de higos,
    lima y albahaca, 139
pomelo: Ensalada de frutas frescas,
    135
puerro
    Ensalada de patatas y salmón
        ahumado, 173
    Ensalada de puerros y jamón, 17
pulpo: Ensalada de pulpo, 183

Q
quesitos
    Ensalada de crema de sardinas, 43
    Tosta de verano, 85
queso cabrales: Pechugas de pavo
    con cogollos y queso, 115
queso de cabra tierno: Guisantes
    crudos en ensalada con queso
    de cabra, 35
queso fresco de cabra
    Ensalada de langostinos, queso
        y nueces, 45
    Piperrada con tomate y queso
        de cabra, 75
queso idiazabal
    Ensalada de rulos de jamón, 181
    Lomopizza de anchoas, mozzarella
        y aceitunas, 23
    Tomates rellenos de carne, 129
    Tosta verde con peras y anchoas,
        107
queso mascarpone: Frambuesas con
    balsámico, 99
queso mozzarella
    Gazpacho de fresa y tomate, 33
    Lomopizza de anchoas, mozzarella
        y aceitunas, 23

Tosta de habas crudas en ensalada con queso, 21
Tosta de verano, 85
queso parmesano
Hongos crudos en ensalada con parmesano, 111
Lomopizza de anchoas, mozzarella y aceitunas, 23
Tosta verde con peras y anchoas, 107

R
remolacha
Ensalada de remolacha y gambas, 185
Remolacha con salsa de yogur, 159
ron: Peras al vino, 141
rúcula tierna
Ensalada aliñada de jamón y patatas, 117
Ensalada de rulos de jamón, 181
Ensalada de ventresca de atún, 73

S
salchichas frescas: Tomates rellenos de carne, 129
salmón ahumado
Ensalada de patatas y salmón ahumado, 173
Yogur con tomate y salmón ahumado, 61
salmón fresco
Salmón confitado, 179
Tartar de ostras, atún y salmón, 67
salsa de soja
Ensalada de tomate con bacalao, 69
Langostinos con guacamole, 63
Tartar de atún, 87
Tartar de langostinos, 47
salsa rosa: Ensalada de bogavante, 113
salsa Worcestershire
Bistec tártaro sabino de carne de vaca, 177
Langostinos con guacamole, 63
Tartar de atún, 87
Tartar de langostinos, 47
sardinas: Ensalada de sardinas con pimientos, 83
sardinillas de lata
Ensalada de crema de sardinas, 43
Tosta de verano, 85
sidra: Manzanas asadas, 143

T
ternera, carne de: Ensalada de rulos de jamón, 181
tomate
Ensalada de sardinas con pimientos, 83
Garrotín de tomate y vodka, 79
Guacamole con anchoas, 149
Langostinos con guacamole, 63
Tabulé de verduras y menta, 27

Tomates rellenos de carne, 129
tomates cherry
Ensalada de crema de sardinas, 43
Ensalada de huevos de codorniz y berberechos, 175
Guacamole con anchoas, 149
Lomopizza de anchoas, mozzarella y aceitunas, 23
Piperrada con tomate y queso de cabra, 75
tomates en rama
Empedrat, 121
Tomates rellenos de ventresca, 59
tomates maduros
Arroz en ensalada, 39
Bonito con guacamole, 81
Ensalada de bonito cocido, 93
Ensalada de centollo desmigado, 133
Ensalada de cigalas, judías verdes y tomate, 15
Ensalada de lentejas, 105
Ensalada de tomate con bacalao, 69
Ensalada fácil de pato, 147
Gazpacho de cereza, 91
Gazpacho de fresa y tomate, 33
Yogur con tomate y salmón ahumado, 61
tomillo fresco
Guisantes crudos en ensalada con queso de cabra, 35
Tomates rellenos de carne, 129
Tosta de habas crudas en ensalada con queso, 21
trucha, huevas de
Tartar de ostras, atún y salmón, 67
Tomates rellenos de ventresca, 59
txangurro (centollo): Ensalada de txangurro, 125

U
uvas pasas: Compota de invierno, 187

V
vainilla, vaina de
Fruta con jalea de vino tinto, 97
Peras al vino, 141
Sopa fría de higos, lima y albahaca, 139
vinagre balsámico: Frambuesas con balsámico, 99
vinagre de Jerez
Cordero asado con ensalada, 37
Ensalada de manzanas con vinagreta de yogur, 123
Gazpacho de fresa y tomate, 33
vinagre de manzana: Ensalada de manzanas con vinagreta de yogur, 123
vinagre de Módena: Lomopizza de anchoas, mozzarella y aceitunas, 23
vinagre de sidra
Endibias en ensalada, 151

Ensalada de cigalas, judías verdes y tomate, 15
Ensalada de garbanzos, 153
Ensalada de huevos de codorniz y berberechos, 175
Ensalada de judías verdes, 29
Ensalada de puerros y jamón, 17
Ensalada de sardinas con pimientos, 83
Ensaladilla «alicantina», 65
Ensaladilla rusa, 19
Espárragos salteados con habas y huevo escalfado, 31
Mejillones en escabeche, 127
Pechugas de pavo con cogollos y queso, 115
Pimientos morrones asados en ensalada, 89
Piperrada con tomate y queso de cabra, 75
Tomates rellenos de ventresca, 59
Vinagreta de frutos secos, 11
Vinagreta de hierbas, 11
Vinagreta de mostaza, 11
vino blanco
Calabacines rellenos de carne, 157
Cardo con almendras, 171
Ensalada de huevos de codorniz y berberechos, 175
Mejillones en escabeche, 127
Tomates rellenos de carne, 129
Tomates rellenos de ventresca, 59
vino tinto
Compota de invierno, 187
Fruta con jalea de vino tinto, 97
Peras al vino, 141
vodka: Garrotín de tomate y vodka, 79

Y
yogur griego: Tomates rellenos de ventresca, 59
yogur natural
Endibias en ensalada, 151
Ensalada de frutas frescas, 135
Ensalada de manzanas con vinagreta de yogur, 123
Ensalada de vainas con cebolleta, 169
Fresas con granizado de naranja, 53
Pepino en ensalada con manzana y yogur, 71
Remolacha con salsa de yogur, 159
Yogur con tomate y salmón ahumado, 61

Z
zamburiñas frescas: Zamburiñas salteadas, 131
zanahoria
Cogollos de lechuga braseados, 155
Col Shangái, 167
Ensaladilla «alicantina», 65

Primera edición: abril de 2017

Printed in Spain - Impreso en España

Fotografías: José Luis López de Zubiría
Diseño: Penguin Random House Grupo Editorial/Meritxell Mateu
Maquetación: Roser Colomer

ISBN: 978-84-16895-08-3
Depósito legal: B-4.955-2017

Impreso en Gráficas 94, S. L.
Sant Quirze del Vallès (Barcelona)

DO 95083

Penguin
Random House
Grupo Editorial